Denise Linn:
Quellen der Inspiration

Denise Linn

Quellen der Inspiration

Orte der Kraft für Geist und Seele
im eigenen Zuhause

Aus dem Englischen
von Susanne Kahn-Ackermann

DROEMER

Dieses Buch ist meinem Mann David
und meiner Tochter Meadow gewidmet
… wie immer meine besten Freunde.

Die englische Originalausgabe erscheint 1999 unter dem Titel
»Altars. Bringing sacred shrines into your everyday life« bei Ebury Press,
London

Umschlaggestaltung: Vision Creativ, München
Satz: QuarkXPress im Verlag
Druck und Bindung: Tien Wah Press, Singapore
ISBN 3-426-29065-0

5 4 3 2 1

Inhalt

Einleitung 6

Das Mysterium

Der intuitiv errichtete Altar 12
Warum ein Hausaltar? 14
Altäre im Verlauf der Geschichte 14
Warum Altäre funktionieren 18
Altäre und die Verbindung zum Großen Geist 19
Altäre für die Selbst-Integration 24
Altäre zur Heilung 26
Hausaltar und Lebensübergänge 26
Altäre und die Kontinuität des Lebens 27
Altäre für das Manifestieren 27

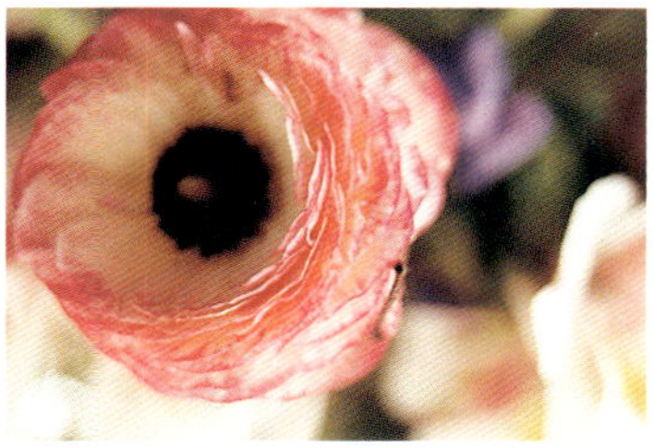

Der Geist

Der Altar des Großen Geistes 31
Der Altar des Weiblich-Göttlichen 35
Der Altar des Heilens 36
Der Altar des Manifestierens 41
Altäre des Übergangs 51
Der Altar der Vollendung 62
Altäre für besondere Gelegenheiten 66
Der Schutzaltar 69
Gedenk- und Ahnenaltäre 70
Der Altar für das innere Kind 76
Der Gartenaltar 77
Altäre fern von zu Hause 82

Die Umsetzung

Die Schaffung 86
Die Größe und Struktur 97
Der Altaraufbau 100
Die Reinigung 122
Die Anrufung 124
Die Bewahrung 126

Die Zeremonie

Zeremonien am Altar 130
Vorbereitung 131
Konzentration 138
Zuhören 141
Vollendung 142

Anhang

Bedeutungen der Altargegenstände 150
Anmerkungen 158
Danksagung 159
Zur Autorin 160

Einleitung

Schon immer dienten mir Altäre als Orte, wo ich Trost finde, meine Gedanken sammle und mich mit dem Schöpfer verbinde. Ich habe vor traditionellen Schreinen meditiert, fühlte mich aber auch bei meinen selbsterrichteten tief geborgen. Sie standen mir an Wendepunkten meines Lebens bei und verhalfen mir zu tiefen Einsichten. Und mit mir haben auch sie sich verändert. Die auf ihnen plazierten Objekte entsprachen den tiefen Nischen in meiner Seele und gemahnten mich an die tiefgründigen Schöpfungsmysterien. In den stillen Momenten vor meinen Hausschreinen lauschte ich auf das Wispern des Universums ... und fühlte mich sanft nach Hause getragen.

Im Werdeprozeß dieses Buches spiegelte sich der Inhalt dieser Seiten wider; er war eine bewegende Erfahrung voller bemerkenswerter Zufälle. Ich las beispielsweise gerade einen Artikel über Altäre, als mich ein Verleger anrief und bat, ein Buch über Hausaltäre und -schreine zu schreiben. Und als ich dann jemanden für die Fotos im Buch brauchte, hegte die erste Fotografin, an die ich mich wandte, eine Leidenschaft für Altäre und hatte sie überall im Haus stehen. Eines Morgens, kurz bevor sie zu mir kam, hatte ich das bestimmte Gefühl, daß ich einen Altar mit einem Bild Jesu, von Kindern umringt, errichten sollte. Und obwohl ich mich nicht als traditionelle Christin betrachte, war dieses Gefühl so stark, daß ich zu einem kleinen christlichen Devotionalienladen fuhr. Die Ladeninhaberin, eine freundliche ältere Dame, überreichte mir genau das Bild, das ich brauchte. »Das ist ein Geschenk für Sie, meine Liebe«, sagte sie.

Auch das Kreieren der Altäre, die für dieses Buch fotografiert werden sollten, war eine magische Angelegenheit und ein Vorgang, der mich zutiefst beeinflußte. Beim Aufbau des Altars der Kreativität sprudelte ich über vor Vitalität, kindlichem Überschwang und schöpferischer Kraft. Als ich den Familien-Gedenkaltar errichtete, spürte ich eine starke Beziehung zu meinen Vorfahren. Die meisten Altäre in diesem Buch wurden bei mir zu Hause geschaffen und brachten mit jedem Tag mehr Energie und Lebenskraft in unser Umfeld. Vor jedem neu errichteten Altar meditierend, fühlte ich, wie eine Verbindung entstand. Jeder schien die Ausstrahlung des vorhergehenden in sich aufzunehmen und zu steigern – ein überaus spannendes Geschehen.

Alle Personen, die zu diesem Buch beigetragen haben, waren auf liebevolle Weise Teil dieses erstaunlichen Prozesses. Scheinbar standen an jeder Kreuzung menschliche und göttliche Engel bereit, um dieses Projekt sacht zu seiner Vollendung zu geleiten. Ich habe es unglaublich genossen und lasse Sie nun mit großer Freude an diesem Buch teilhaben.

DAS *Mysterium*

In der Phantasie reise ich zeitlich zurück in ein altes Land. Es ist früher Morgen, kurz vor der Sommersonnenwende. Eine Frau steht in der Türöffnung. Ihre Familie schläft noch. Sie betrachtet das wunderbare Licht- und Schattenmuster, das das durch die Bäume sickernde Sonnenlicht auf den Waldboden malt. Bald wird ihre Familie erwachen, ihr Tag beginnen, wird sie das Frühstück bereiten. Aber für den Moment ist sie allein in der Stille des neuen Tages.

Sie tritt ins Haus, geht zum Familienaltar und entzündet eine Kerze. Ihr sanftes Flackern wirft bebende Schatten im dunklen Raum. Ganz sorgsam nimmt sie ein Figürchen vom Altar und wendet es sacht in den Händen. Es war ein Geschenk ihrer Großmutter. Ihre Finger befühlen die Kurven und Risse im gehärteten Ton. Achtsam stellt sie die Figur an ihren Platz zurück. Sie schließt die Augen, betet um Segen für ihre Familie und dankt dem Göttlichen für alles Glück, das ihnen schon zuteil wurde. Einen Augenblick lang scheint der Raum in heiterer Stille zu erstrahlen. Sie öffnet die Augen, lächelt und löscht sanft die Kerze.

Am Anfang eines neuen Tages, kurz vor der Sommersonnenwende, fällt Licht durch die Bäume und erinnert an unsere Verbindung mit den geheimnisvollen Kräften des Universums.

Aus diesen Momenten der Besinnung bezieht diese Frau die nötige Kraft für den Tag. Die Zeit, die sie vor ihrem Hausaltar verbringt, nährt ihre Seele und schenkt ihr die innere Weisheit und Geduld, die sie für die kommenden Stunden braucht. Ob sie ein Mahl zubereitet, ihr Baby stillt oder im Garten arbeitet – diese morgendliche stille Pause öffnet einen inneren Quell der heiteren Ruhe, in den sie stets eintauchen kann.

Seit undenklichen Zeiten bestand die Hauptfunktion von Altären und Schreinen darin, inmitten der Alltagsrealität des Lebens einen geheiligten Ort zu schaffen.

Seit Urzeiten haben Menschen Hausaltäre errichtet, um mit dem Göttlichen zu kommunizieren und um Segen zu bitten. Sie waren ein sichtbares Symbol der Einheit des Selbst mit dem Universum – ein Bindeglied zwischen Himmel und Erde. Ein Ort für die persönliche Andacht – für Gebete um Fruchtbarkeit, reichliche Ernte, die sichere Rückkehr geliebter Menschen und um Erfolg bei den täglichen Bemühungen. Schreine und Altäre dienten vielfältigen Zwecken, doch ihre Hauptfunktion bestand darin, inmitten der Alltagsrealität des Lebens einen geheiligten Ort zu schaffen.

Der intuitiv errichtete Altar

Obschon auch heute noch in manchen Kulturen die Tradition existiert, Altäre und Schreine zu errichten, wuchsen zumindest die meisten westlichen Menschen ohne Hausaltar auf. Und doch überlebte diese alte Sitte in interessanten, wenngleich weitgehend unbewußten Formen bis in unsere Gegenwart, die die mystische Seite der Realität weitgehend vernachlässigt oder ignoriert.

Der Drang zur Schaffung heiliger Räume steckt so tief in der menschlichen Psyche, daß wir uns auch ohne formelle Absicht, durch die Art und Weise, wie wir Fotos auf dem Klavier anordnen oder Gegenstände auf dem Schreibtisch oder beim Computer sorgfältig gruppieren, unbewußt einen Altar errichten. Das kunstvolle Arrangement von Büchern, Blumen, Kerzen und Kunstgegenständen, das so oft auf Couchtischen, Kaminsimsen, Kommoden und andernorts im Haus und am Arbeitsplatz zu finden ist, mag sehr wohl ein Nachhall der Tradition des Hausaltars sein und eine äußere Manifestation des inneren Impulses, in unserem Umfeld geheiligte und unverletzliche Räume zu schaffen.

Jeder im Heim zur Schau gestellte Gegenstand – Fotos, Schnickschnack, Schmuck, Bücher, Erbstücke – beinhaltet eine bewußte oder unbewußte Aussage über Werte und Familientraditionen, die wir wertschätzen. Wenn Sie zum Beispiel liebevoll alte Familienfotos in einer Wandnische aufstellen, errichten Sie vielleicht unbewußt einen Ahnenschrein, der einem Beobachter die Botschaft übermittelt, daß Ihnen Ihre Familie wichtig ist. Ein Regalbrett mit kleinen Tierfigürchen könnte die unbewußte Rückkehr zur alten Stammessitte signalisieren, Symbole für Tiertotems auf dem Altar zu plazieren. Eine Ansammlung von speziellen Gegenständen im Umfeld des Computers oder auf dem Schreibtisch mag ebenfalls so etwas wie ein unbeabsichtigt errichteter Altar sein. Doch da es sich hier um unterbewußte Vorgänge han-

Auf einer Kommode am Fenster und auf einem Regalbrett versammelte Gegenstände sind Beispiele für unbewußt errichtete Altäre.

delt, geht vieles an spirituellen Vorzügen verloren, die ein bewußt geschaffener Hausaltar mit sich bringt.

Ein ganz bewußt errichteter Altar ist von unschätzbarem Wert. Er vermag die Leere in der menschlichen Psyche zu füllen, die sich nach dem Mysteriösen und Wunderbaren sehnt. Wenn wir diese alte Sitte in einer für unseren modernen Gebrauch abgewandelten Form wieder aufnehmen, laden wir mystische und spirituelle Erfahrungen in unser Leben ein.

Warum ein Hausaltar?

Die Errichtung und Nutzung eines Hausaltars ist eine Tradition, die jeder Mensch ungeachtet seiner philosophischen und religiösen Überzeugungen befolgen kann, und die Rückkehr zu dieser altehrwürdigen Sitte lohnt sich sehr. Schreine und Hausaltäre können heutzutage viele Funktionen erfüllen. Sie bringen nicht nur ein Gespür für das Heilige in unsere Lebensräume, sondern dienen uns im tieferen Sinn auch als Ort der Sammlung und Konzentration, um eine Verbindung zu den spirituellen Bereichen im Innern herzustellen.

Ein Hausaltar kann uns bei der Reise zu Heilung und Selbst-Integration helfen und dabei, daß wir den Mut finden, uns den Herausforderungen des Lebens zu stellen.

Ein Hausaltar ist wie ein kleiner Tempel in Ihrem Haus. Er kann Ihnen auf der Reise zur Heilung und Selbst-Integration eine Hilfe sein; er kann zum Mittelpunkt von Initiationsriten werden und von Zeremonien, die den Übergang von einer Lebensphase in eine andere feiern; er kann in den Schlüsselmomenten des Lebens das Gefühl einer sinnvollen Ordnung unterstreichen, in Momenten wie Geburt, Taufe, Ausbildungsabschlüsse, Hochzeit, Berufswechsel, Tod, Festtage, Jahreszeitenwechsel und andere wichtige Wendepunkte.

Er kann zur Stärkung der Familienbande beitragen. Wenn wir uns im Gedenken an jene, die vor uns lebten und die nach uns kommen, auch unsere Verbindung mit dem heiligen Ganzen in Erinnerung rufen, finden wir den Mut und die nötige menschliche Stärke, um uns den Problemen der Zukunft zu stellen. Als Ort, an dem wir den ehemaligen, gegenwärtigen und künftigen Familienmitgliedern Achtung erweisen, fördert ein Altar diesen Prozeß und stärkt den Sinn für Kontinuität. Und er kann als Stätte der Manifestierung und Feierlichkeiten dienen. Es ist eine wunderbare Metapher für Freude und Glück, wenn Sie ihn mit frischen Blumen, reifen Früchten, Duftkerzen und ausgewählten Gegenständen schmücken. Um zu verstehen, welche Kraft Altäre im modernen Leben entfalten können, hilft es, die alten Traditionen näher kennenzulernen, auf die sie sich gründen.

Altäre im Verlauf der Geschichte

Die Sehnsucht, heilige Orte zu schaffen, mag Bestandteil unseres spirituellen Erbes sein. Vielleicht sind es die Stimmen unserer Vorfahren, die noch tief in der menschlichen Psyche und vielleicht hat sich in uns allen unterbewußt die Erinnerung erhalten an die Kraft, die von den uralten Riten vor geheiligten Altären ausging. Es ist denkbar, daß unser kollektives Unbewußtes die Erinnerung an diese ursprünglichen Altäre bewahrt, deren Spuren sich viele Tausende von Jahren zurückverfolgen lassen.

Die ältesten uns bekannten Altäre wurden vor ungefähr 75 000 Jahren von Neandertalern in Höhlen hoch oben in den Alpen errichtet, Höhlen, die zu Beginn des 20. Jahrhunderts wieder ausgegraben wurden. Die Altäre dienten einem altsteinzeitlichen Bärenkult. Man fand sorgfältig angeordnete

Bärenschädel und -knochen, manche dieser Schädel lagen in einem Steinkreis, während verschiedene andere Kombinationen von Bärenknochen zu zeremoniellen Arrangements gruppiert waren. (1) Auch im türkischen Catal Hüyük und Hacilar hat man Hausaltäre aus neolithischer Zeit freigelegt, die in die Zeit zwischen 8000 und 6000 v. Chr. zurückreichen. (2)

Ausgrabungen belegen die Existenz von Hausaltären in allen geschichtlichen Epochen. In den westafrikanischen wie in den alten nordischen Religionen symbolisierten Altäre, die aus einem großen Stein oder einem Haufen von Steinen errichtet wurden, den »Thron einer Gottheit«. In der hinduistischen Tradition waren sie Orte, wo die Götter eingeladen oder herbeibeschworen wurden. In manchen frühen Kulturen dienten Begräbnishügel als Altäre, eine Praxis, die, wie man annimmt, den Tod als Weg zum Leben und zur Wiedergeburt symbolisierte. In anderen Traditionen waren zur Darstellung dieser zyklischen Verbindung von Leben und Tod Feuer-Altäre in Gebrauch, weil Feuer ersterben und wieder aufflammen kann. (3)

Das Wort »Altar« leitet sich aus dem Lateinischen ab und bedeutet einen erhöhten oder erhabenen Platz. Frühe persönliche Altäre zur Verehrung himmlischer Wesen wurden oft auf Plattformen, Tischen

Alte Höhlenzeichnungen dienten als Konzentrationspunkt für die Verehrung und Kommunikation mit der unsichtbaren Welt.

oder Hügelspitzen errichtet. Doch gab es auch Altäre an tiefergelegenen Stellen, zum Beispiel an Feuerstellen oder in ausgehobenen Gruben. Ein typisches Beispiel dafür war das der römischen Göttin Vesta (Hestia bei den alten Griechen) geweihte Herdfeuer. (4)
Viele uralte Schreine und Altäre haben den Zerstörungskräften der Zeit widerstanden, und manche der atemberaubendsten Meisterwerke der Kunst und Architektur dienten ihnen als Herberge und wurden oft zu Pilgerstätten. Vom hoch auf einem heiligen Berg in China gelegenen Xisnfeng-Tempel (Feengipfel) bis zu den Altären in den großen Pyramiden Ägyptens und dem irischen Newgrange sprechen diese Orte immer noch weltumfassend von der Majestät des Großen Geistes (des Schöpfers). Eine Pilgerreise bietet die Möglichkeit, mit ihren Kräften in Berührung zu kommen. Wenn wir auf den Spuren früherer Generationen wandeln und die Schreine mit ihren Augen betrachten, lassen wir eine altehrwürdige Sitte wieder aufleben. Diese uralten heiligen Stätten strahlen ihre spirituelle Energie häufig noch Jahrhunderte nach ihrer Erbauung aus. Und ähnlich können auch Sie Ihr Heim mit dieser Energie versehen, wenn Sie etwas über Altäre lernen und die ihnen zugrundeliegenden Prinzipien verstehen.

Warum Altäre funktionieren

In vielerlei Hinsicht liegt die Kraft des Altars in seinem Erscheinungsbild begründet. Sein Aufbau und seine Objekte sprechen unsere Psyche an, weil sie dem Formlosen Form und dem Göttlichen sichtbare Gestalt verleihen. Wir können das seinem Wesen nach unsichtbare spirituelle Reich nur schwer verstehen. Mit Bedacht auf einem Altar plazierte Gegenstände verkörpern hingegen Dinge, die essentiell unsichtbar sind, und geben so dem Glauben etwas Konkretes und Anschauliches an die Hand. (5)
Allein schon die Betrachtung eines Altars kann unser Gefühl beeinflussen, da bewußt wahrgenommene angenehme Farben, Wohlgerüche und schöne Bilder ihre Wirkung auf uns haben. Doch noch weitaus tiefer wird unser Unterbewußtsein, derjenige Teil unseres Gehirns, der über unsere Überzeugungen bestimmt, von den symbolischen Bedeutungen der Altargegenstände beeindruckt. Das Unterbewußtsein übt auf unser Leben einen sehr viel stärkeren Einfluß aus als das Bewußtsein. Es legt unsere tiefsten Leidenschaften fest und wirkt zudem auf unser Schicksal ein.
Die Altargegenstände üben auf das Unterbewußtsein einen machtvollen Einfluß aus, weil sie gleichzeitig mehrere Wahrheitsebenen jenseits der Realität oberflächlicher Erscheinungen zum Ausdruck bringen und uns dadurch helfen, Verständnis für die Komplexität des Lebens zu gewinnen. (6) Die Altardinge sind zwar materielle Gegenstände, verkörpern aber jeweils ein Ideal, eine Überzeugung, Glaubensvorstellung, Beziehung, ein Konzept oder eine Idee. Zusammengenommen sind sie jedoch

Vorhergehende Seite: Sonnenaufgang beim prähistorischen Steinkreis im englischen Avebury – ein Heiligtum für Rituale.

nicht vereinzelte Symbole, sondern schaffen eine Synthese, die weitaus mehr ist als die bloße Summe ihrer Teile. Und es ist diese in sich schlüssige und ganzheitliche Gestalt eines Altars, die sich so effektiv auf das Unterbewußtsein auswirkt.

Die verschiedenen Altarkomponenten werden gewöhnlich nicht als Idole begriffen, die anzubeten sind, sondern als Widerspiegelungen der spirituellen Seite unseres Lebens. So mag etwa eine Rose auf dem Hausaltar für Liebe stehen. In manchen Kulturen werden symbolische Gegenstände und Darstellungen jedoch buchstäblich genommen. In der alten hinduistischen Tradition verstand man zum Beispiel Gegenstände, die Götter repräsentierten, nicht nur rein symbolisch: Man glaubte sich tatsächlich in der Gegenwart der dargestellten Gottheit, weshalb man von ihr auch Segen erlangen konnte. (7) Während heutzutage die meisten Menschen eine derartige Anschauung nicht mehr teilen, spielen symbolische Gegenstände dennoch nach wie vor eine große Rolle für das Formen unserer Überzeugungen; und dies kann sich wiederum sehr bestimmend darauf auswirken, wie wir unsere Lebensrealität erfahren. Alle Altargegenstände fungieren als Katalysatoren für unsere inneren Orte des Wissens und der Erkenntnis. Die sichtbare Form des Altars kann gemeinsam mit entsprechenden Ritualen und Zeremonien auch dazu beitragen, unsere Verbindung mit der Vergangenheit und Zukunft zu stärken. Ob es sich dabei um ein tausend Jahre altes Ritual oder nur um einen so einfachen Akt wie das Entzünden einer Kerze handelt, Rituale und Zeremonien sind mit der Substanz des Lebens gefüllt und geleiten uns zum Wesenskern unseres Seins.

Das einfache Ritual eine Kerze auf einem Altar zu entzünden, kann gewöhnliche Momente mit heiliger Bedeutung erfüllen.

Die meisten unserer Vorfahren bedienten sich in allen Lebensbereichen zeremonieller Praktiken und ehrten die »Meilensteine« des Daseins von der Geburt bis zum Tod. Diese feierlich vor einem Altar zelebrierten Rituale bestärkten die Tatsache, daß der einzelne nicht allein ist, sondern Teil einer größeren Gemeinschaft, die sich sowohl rückwärts wie auch vorwärts in die Zeit erstreckt. Die Altargegenstände dienten innerhalb der Zeremonie als Konzentrationspunkte und halfen, die Alltagserfahrungen in die richtige Perspektive innerhalb des umfassenderen Lebenspanoramas zu rücken; auf diese Weise erleichterten sie den Übertritt von der normalen Realität in die heiligen und spirituellen Bereiche.

Altäre und die Verbindung zum Großen Geist

Angesichts des rasanten Tempos in unserer heutigen Welt wächst das Bedürfnis danach, wieder in Verbindung zu treten mit den heiligen Elementen des Lebens. Ein Altar mit seiner machtvollen sichtbaren Darstellung der uns umgebenden und erhaltenden spirituellen Energien kann dieses Bedürfnis befriedigen. Ein Hausschrein kann uns diese spirituellen Bereiche stets in Erinnerung bringen, kann dabei helfen, eine Verbindung mit den höheren Mächten herzustellen, kann als Konzentrationspunkt

für Gebete dienen, die wir an die unser Leben formenden spirituellen Kräfte richten, kann als Tor zwischen den sichtbaren und unsichtbaren Reichen fungieren und uns so mit den Rhythmen der Natur und des Universums in Kontakt bringen. Er kann uns behilflich sein, die allergewöhnlichsten Aspekte des Lebens mit göttlichem Sinn und Bedeutung zu erfüllen. Die physische Form des Altars erinnert uns daran, wie wichtig es ist, daß wir die geheiligten Orte in unserem Innern achten und ehren.

Ein dem zunehmenden spirituellen Gewahrsein gewidmeter Altar kann zu einem energetischen Konvergenzpunkt für Symbole werden, die den menschlichen Geist voranbringen. Er mag bemerkenswerte Schönheit und Anmut in Ihr Leben bringen und kann zudem in dreifacher Weise Verwendung finden: als Ort des Gebets und der Bitte um göttliche Führung, als Ort des Lauschens auf spirituelle Botschaften und als Ort des Danks für erhaltenen Segen.

Gebet und Hingabe

Die uralte und universelle Funktion von Altären als Orte der Andacht und Hingabe vermag das moderne Leben, unabhängig von jeglicher Religionszugehörigkeit, um eine sehr notwendige Dimension zu bereichern. Durch die Einbindung persönlicher Hoffnungen und Glaubensvorstellungen in einen höheren Kontext lassen sich spirituelle Reserven wieder auffüllen. Gebete vor dem Hausaltar können uns spüren lassen, daß wir nicht allein sind. Denn der Altar erinnert uns daran, daß es ganz in unserer Nähe Wesen im Reich des Geistes gibt, die darauf warten, uns beizustehen. So dient ein Altar der Aufgabe, die er bereits in früheren Zeiten erfüllte: Er bringt uns zu Bewußtsein, daß die nüchterne Alltagsrealität im Grunde voller Wunder und Magie ist. Das Wissen, daß wir nicht alles ganz allein bewerkstelligen, nicht alle Lebensentscheidungen allein treffen müssen, weil es liebevolle spirituelle Wesen gibt, die uns anleiten und schützen wollen, kann ein großer Trost sein. Und daraus können wir auch den Mut gewinnen, uns Hindernissen zu stellen, die uns andernfalls vielleicht als beängstigend und unüberwindbar erscheinen.

Lauschen und zuhören

Der Altar ist nicht nur ein Ort des Bittens und Gebets, sondern auch des Lauschens auf unsere Intuition. Die Kunst des Zuhörens kann so tiefgründig sein wie die der Andacht. Vor dem Altar als Konzentrationspunkt können Sie Ihre Gedanken zur Ruhe bringen, auf die Botschaften Ihres eigenen inneren Wissens und auf jene aus dem spirituellen Reich lauschen. Wenn wir den Schöpfer um Hilfe bitten, vergessen wir zuweilen, daß zum Gebet ganz wesentlich auch das Stillsein und Horchen auf Antworten gehört. Manchmal sind wir zu beschäftigt, um es überhaupt wahrzunehmen, wenn auf unsere Bitte um Hilfe geantwortet wird. Sich Zeit zu nehmen und ganz einfach in empfäng-

Ein Altar ist ein heiliger Ort für das Gebet, das Lauschen auf göttliche Führung und den Dank für die Segnungen.

Vorhergehende Seite und rechts: Dieser Hausaltar ist der Muttergottes und Jesus gewidmet und mit Salz, Brot, Wein und Kerzen geschmückt.

licher Haltung zu warten bildet einen der direktesten und wirkungsvollsten Wege, Verbindung mit dem Göttlichen herzustellen und die Antworten zu erhalten, um die wir ersucht haben. Ein Altar ist hierfür ein wunderbarer und geheiligter Ort.

Danksagung

Als Stätte der Danksagung erfüllt ein Hausaltar eine weitere wichtige Funktion, etwas, das auch zu den gebräuchlichsten und zentralsten Funktionen der Altäre in alter Zeit zählte. Der Ausdruck dankbarer Anerkennung für die Fülle und Segnungen in unserem Leben bietet eine der effektivsten Möglichkeiten, diese Qualitäten zu steigern. Wenn Sie für alles Gute in Ihrem Leben dankbar sind, erzeugt das eine Art magnetische Anziehungskraft für noch mehr Segnungen. Dankbarkeit hilft Ihnen, für die Lebenskraft des Universums empfänglich zu sein.

Ihre Verbindung mit dem spirituellen Reich wird gestärkt, wenn Sie Symbole für Dinge, für die Sie dankbar sind, auf Ihrem Altar plazieren. Je dankbarer Sie dem Schöpfer sind, desto mehr werden Sie haben, wofür Sie dankbar sein können, eine Wahrheit, an die Sie der Altar erinnert. Wenn Sie Ihrer Dankbarkeit keinen Ausdruck geben, mindert sich Ihre Lebenskraft. Dankbare Anerkennung hingegen befähigt und stärkt Sie, und ein Altar kann Ihnen helfen, Ihre Gedanken auf diese Dankbarkeit zu richten und sich so noch enger mit dem höheren Geist zu verbinden.

Altäre für die Selbst-Integration

Heutzutage haben wir gemeinhin viele verschiedene Rollen inne. Nach außen hin mögen wir zwar das Bild von nur einer Person abgeben, doch im Innern tummelt sich oft eine ganze Reihe von Unterpersönlichkeiten. Manchmal ziehen uns diese diversen Persönlichkeitsaspekte in so viele verschiedene Richtungen, daß wir nicht mehr wissen, wer wir wirklich sind.

Sie können dieser Tendenz entgegenwirken, wenn Sie Gegenstände, die symbolisch für die verschiedenen Aspekte Ihrer Existenz stehen, in einem für Sie angenehmen Arrangement auf Ihrem Altar versammeln. Er dient Ihnen als mikrokosmische Darstellung Ihres Lebens und das Arrangement der Altargegenstände als Metapher für Integration und Harmonie. So könnte ein Malpinsel den künstlerischen, ein kleiner Silberlöffel den mütterlichen Aspekt in Ihnen darstellen und ein goldener Füllfederhalter für Ihre Karriere stehen. Auf dem Altar vereint bilden sie eine machtvolle Metapher für das harmonische Zusammenwirken dieser drei Aspekte Ihrer selbst, statt daß sie im Widerstreit liegen. So dient Ihnen Ihr Schrein als Ort der symbolischen Zusammenführung grundverschiedener Elemente Ihres Lebens, damit sie zu einem einheitlichen Ganzen zusammengeschmiedet werden können.

Utensilien zur künstlerischen Betätigung auf der einen Seite des Altars symbolisieren die Integration von Kunst und Kreativität in das Alltagsleben.

Pumpkin
Bachelor Button
MAMMOTH
SUNFLOWER
Damar
Varnish
Spray
'nGlue
KRYLON
DAMAR
VARNISH
RUBBER
CEMENT
Utrecht

Diese Praxis kann Ihnen dabei helfen, die Fragmentierung zu überwinden und in den größeren Lebensplan einzutreten. Das Arrangieren und Umarrangieren Ihrer Altarelemente ermöglicht Ihnen eine symbolische Neuordnung Ihres Lebens. Die menschliche Psyche reagiert auf symbolische Handlungen, und wenn Sie Ihren Hausaltar nutzen, um die eigene Persönlichkeit zu harmonisieren, wird er zu einem Kristallisationspunkt innerer Einheit.(8)

Ein Integrations-Altar kann auch zur Vertiefung und unterschwelligen Intensivierung Ihrer Verbindung mit dem Großen Geist und Schöpfer beitragen, wenn Sie Gegenstände, die Aspekte Ihrer eigenen Persönlichkeit symbolisieren, neben andere Dinge stellen, die die spirituellen Bereiche repräsentieren. Oftmals lindert und heilt dies auch Gefühle der Sinnlosigkeit und Zerrissenheit. Der Integrations-Altar kann zu einem friedvollen Zentrum im geschäftigen Wirbel des Lebens werden, zu einem Ort, an dem Sie das Gefühl für Ganzheit und Einssein wiederfinden.

Altäre zur Heilung

Altäre dienten seit den frühesten Zeiten auch dem Heilen. Heute können sie ein machtvoller Brennpunkt sein, um sowohl heilende Energien auf sich selbst und andere zu richten, als auch lebenswichtige nährende Energien des Großen Geistes in sich aufzunehmen. Wissenschaftliche Erkenntnisse bestätigen zunehmend das uralte Wissen der Heilerinnen und Heiler, daß Körper, Geist/Gemüt und Seele eine Einheit bilden. Der Altar ist ein Ort, an dem Körper, Geist und Seele geheilt werden können. (Siehe *Der Altar des Heilens* S. 36.)

Hausaltar und Lebensübergänge

Altäre waren traditionell Stätten, um der Wendepunkte im Leben zu gedenken; gerade heute können sie daher für uns von großem Wert sein, verfügen wir doch über nur noch wenige Orte, an denen wir unsere Lebenserfahrungen zum Ausdruck bringen und feiern können. In alten Zeiten gab es stets geeignete Rituale und Gedenkzeremonien für glückliche oder traurige Anlässe, für einschneidende Verluste und größere Erfolge. Im Gegensatz dazu bekommt man heute oft nur einen Tag frei für die Beerdigung eines Familienmitglieds, und nur wenige Menschen erkennen die Tatsache an, daß die Trauerphase weit über die Bestattungsfeier hinausreicht. Die Unterzeichnung von Papieren und vielleicht das Erscheinen vor Gericht sind oft alles, was das Ende einer Ehe markiert. Zur Feier freudiger Anlässe wie beispielsweise eines neuen Arbeitsplatzes oder einer neuen Wohnung gehen wir eventuell mit Freunden fein zum Essen aus, doch die tiefere persönliche Bedeutung des Ereignisses wird dabei leicht übersehen.

Der Hausaltar ist eine Stätte, an der wir die Lebensübergänge, die wichtigen Ereignisse und Erfahrungen unseres Daseins mit Hilfe von Ritualen und Zeremonien über längere Zeit hinweg angemessen würdigen und verarbeiten können. Wir verleihen dann unseren inneren Gefühlen deutlich Ausdruck, und dies läßt unseren Emotionen die verdiente Aufmerksamkeit und Zuwendung zuteil werden. Das erlaubt uns wiederum, dem, was wirklich in unserem Herzen ist, Gehör zu schenken.

Altäre und die Kontinuität des Lebens

Heute haben wir den Sinn für die Kontinuität des Lebens weitgehend verloren, begreifen uns nicht mehr als einen neuen Schößling, der einer uralten Wurzel entspringt. In der Vergangenheit waren Hausaltäre auch Orte, an denen die Vorfahren geehrt, die Familienbande gestärkt und die Nachkommen mit Liebe bedacht wurden. Der Ahnenaltar erinnerte sichtbar daran, daß wir gleichsam auf den Schultern unserer Vorfahren stehen, und das gab uns das Gefühl, Teil eines Kontinuums zu sein.
Ein Hausaltar kann uns helfen, wieder eine Verbindung mit der fernen Vergangenheit und dem heiligen Ganzen herzustellen – mit jenen, die vor uns waren, und mit jenen, die uns folgen werden. Er kann ein wundervoller Ort sein, an dem wir sowohl persönliche wie auch kulturelle Erinnerungen aufbewahren. Eine Stätte, um unseren Verwandten, Helden und Heldinnen Ehrerbietung zu erweisen; an der wir Dinge aufstellen, die uns an die Menschen, die wir lieben – Lebende wie Tote – gemahnen; um auf symbolische Weise unsere Verbindung mit unserer Vergangenheit und Gegenwart, unsere Hoffnungen für unsere Kinder und unsere Gefühle für die, die nicht mehr in unserem Leben existieren, zu ehren.
Indem wir beginnen, uns daran zu erinnern, daß wir Teil einer größeren menschlichen Familie sind, finden wir den Mut und die Kraft, die wir brauchen, um uns den Problemen der Zukunft zu stellen.

Altäre für das Manifestieren

Ein Hausaltar kann Ihnen eine Stütze für das Erreichen Ihrer Ziele sein. Er ist ein Ort, an dem Sie in aller Stille Ihre Werte und Wünsche überprüfen und sich darüber klar werden können, was Sie wirklich in Ihrem Leben wollen. Wenn Sie Klarheit über Ihre Hoffnungen und Wünsche gewonnen haben, können Sie sie viel leichter verwirklichen. Wenn Sie noch dazu Gegenstände auswählen, die Ihre Wünsche symbolisieren, und sie neben Dingen plazieren, die die spirituellen Bereiche repräsentieren, wird Ihr Altar zu einem geheiligten Mandala, das Sie befähigt, Ihre Ziele in Übereinstimmung mit Ihrem höchsten Wohl zu erreichen.
Sie werden möglicherweise feststellen, daß sich viele unerwartete Gelegenheiten und glückliche Zufälle in Ihrem Leben ereignen, auch wenn Sie gar nicht bewußt nach ihnen Ausschau hielten.

Ein Hausaltar wird zur Oase, wo die wichtigen Aspekte Ihres Lebens in den Mittelpunkt treten.

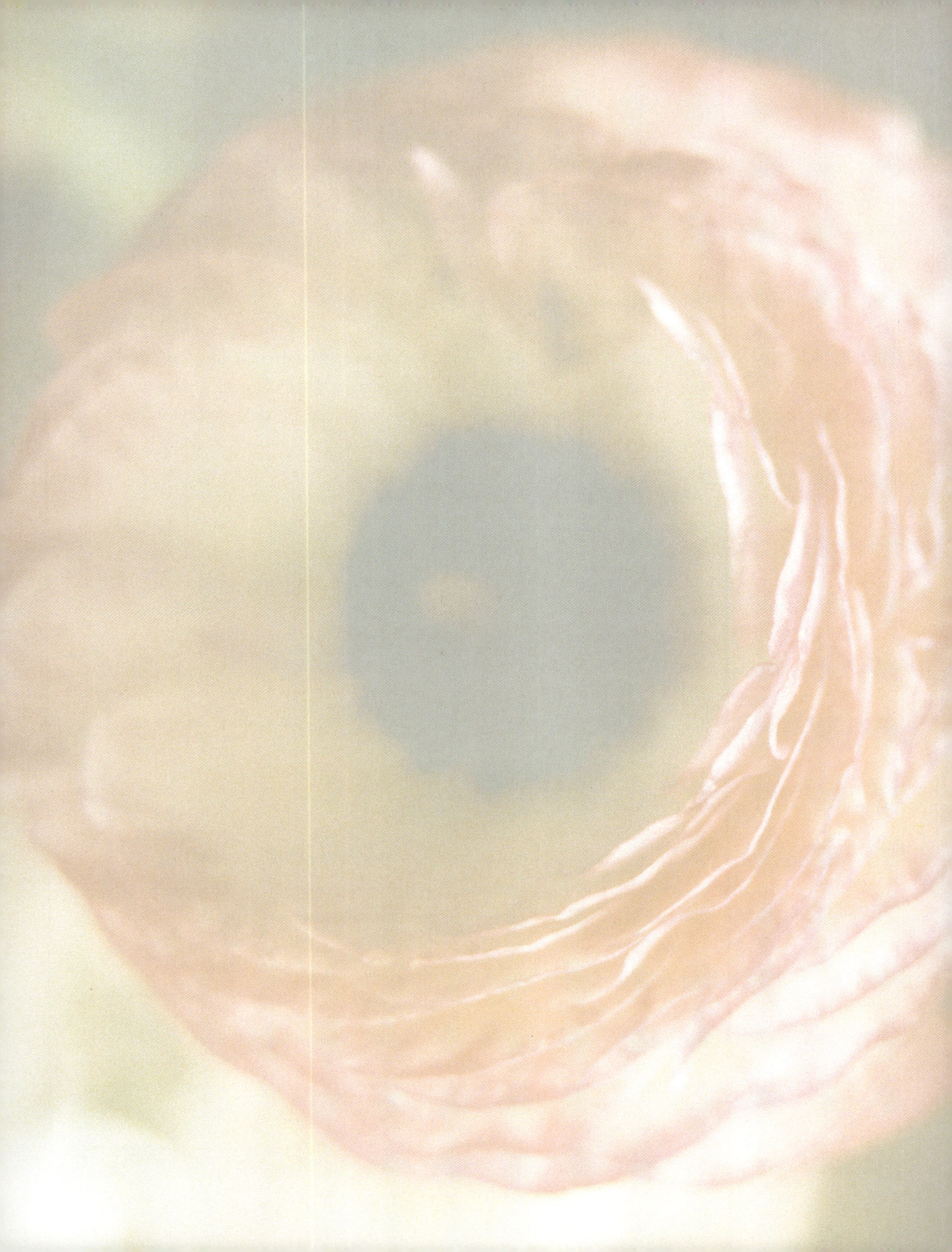

DER *Geist*

Der Altar des Großen Geistes

Ihr Altar bildet einen Brennpunkt für das Heilige. Er ist ein Ort, wohin Sie sich für die Stille und Besinnung zurückziehen können; ein Ankerplatz in schwierigen Zeiten, eine Stätte des Feierns, wenn Sie sich wie im siebten Himmel fühlen; ein Schrein, wo die unterschiedlichen und zuweilen widersprüchlichen Aspekte des Lebens auf sinnvolle und zutiefst befriedigende Weise symbolisch vereint werden können. Den möglichen Altararten und -formen sind dabei keine Grenzen gesetzt. Manche Menschen entscheiden sich für einen Hauptaltar, den sie dann je nach Bedürfnis und Anlaß verändern. Andere schaffen sich einen Altar nur für einen bestimmten Zweck. Manche errichten einen Vielzweckaltar, der eine Fülle an Themen vereint. Richtschnur für Ihre Entscheidung, wie Sie Ihren Altar nutzen möchten, ist das, wonach Sie sich tief im Herzen sehnen, was Sie sich erhoffen und erträumen.

Eine der profundesten Funktionen eines Altars ist die eines heiligen Ortes, an dem Sie Ihre Beziehung zum Göttlichen vertiefen. Eine solche Altarform dient als Brücke zwischen Alltagsrealität und spirituellen Bereichen. Sie ist eine Stätte des Gebets, an der Sie das Gestrüpp Ihres Sinnens und Fühlens entwirren, Ihre Gedanken zur Ruhe bringen und auf die Botschaften des Schöpfers lauschen können; ein heiliger Raum, der Sie zu Ihrer wahren Natur zurückführen kann.

Ein Altar des Großen Geistes vertieft Ihre Verbindung mit dem Göttlichen und hilft Ihnen, zu innerer Balance zu finden.

Schon in der Schaffung und Formgebung eines Altars des Großen Geistes spiegelt sich die Absicht wider. Jeder Schritt muß sorgsam und wohlüberlegt ausgeführt werden und mit Energie erfüllt sein. Gehen Sie langsam vor, und versichern Sie sich, daß sich alles richtig anfühlt, bevor Sie den nächsten Schritt tun. Jeder Altargegenstand sollte in Anbetracht seiner Bedeutung und Kraft äußerst sorgfältig ausgewählt werden. Für die Errichtung dieses Altars gibt es keine Vorschriften.

Ein Altar des Großen Geistes sollte drei Komponenten aufweisen: einen Gegenstand, der das Göttliche repräsentiert, einen, der für Sie oder den Menschen im allgemeinen steht, und einen, der eine Pforte oder Tür zwischen den beiden Bereichen symbolisiert. Ein ganz einfaches Beispiel dafür wären eine Feder für das Himmlische, ein Stein für die Erde und Menschen und eine Kerze für die transzendentale Pforte zwischen beiden Sphären. Mit diesen drei Komponenten machen Sie den Altar des Großen Geistes zu einem Ort, an dem Sie zu innerer Balance und Harmonie finden können. Er wird zum Kristallisationspunkt, durch den die schöpferischen Kräfte des Universums in Sie einfließen können.

Blumen, Früchte und Kerzen schmücken diesen Zen-Altar und schaffen einen Konzentrationspunkt für die tägliche Meditation.

Der Altar des Weiblich-Göttlichen

Eine spezielle Form des Altars des Großen Geistes ist der Altar des Weiblich-Göttlichen, den man schon in frühester Zeit findet. Man glaubt, daß die allerersten Altäre den erneuernden Schoß der Mutter Erde symbolisierten. In alten Zeiten waren die Begriffe für »Heim«, »Schoß«, »Frau«, »Gefäß«, »Tempel« und »Altar« Synonyme. Der Göttin gewidmete Schreine und Altäre fanden sich überall – an der Türschwelle, neben dem Herd, in heiligen Hainen, an Quellen. Die Göttin verkörperte Weisheit, Mitgefühl und die Lebenskraft in allen Dingen, und Frauen waren die ersten Hüterinnen dieser Schreine. Der Hausaltar war der Ort, an dem die Frau diese rätselhaften und wunderbaren Kräfte des weiblich-göttlichen Prinzips zum eigenen Wohl und dem ihrer Familie anrufen konnte.

Wenn Sie einen dem Weiblich-Göttlichen gewidmeten Altar errichten, können Sie die Qualitäten der Göttin in Ihr Leben bringen. Sie könnten dort die Statuette einer Göttin aufstellen. Originalfiguren, die sich in ganz Europa und von Sibirien bis zur Ukraine fanden, reichen bis 30000 v. Chr. zurück. Sie waren aus Knochen, Stein, Ton oder Kohle geformt und wiesen große volle Brüste, dicke Bäuche und pralle Hintern auf, die Verkörperung von Fruchtbarkeit. Sie könnten auch eine Schale, einen Korb, einen Kessel oder Kelch als Symbol für die empfangende Energie des weiblichen Geistes aufstellen.

Wenn Sie Gebrauch von einem solchen Altar machen, ist es beinahe so, als würden die schöpferischen Kräfte des Universums Ihnen erlauben, unendlich weite innere Räume Ihres Wesens zu entdecken.

Vorhergehende Seite und links: Göttin-Altäre mit Figuren, die den weiblich-göttlichen Geist darstellen. Im Vordergrund errichtet der »Freundinnenkreis« einen Gemeinschaftsaltar.

Der Altar des Heilens

Schon immer dienten dem Heilen gewidmete Altäre der Anrufung lebenspendender Energien. Wenn Sie einen solchen Altar errichten und nutzen, folgen Sie einer altehrwürdigen Tradition, die Ihnen auf dem Weg zur physischen, emotionalen und spirituellen Heilung eine große Hilfe sein kann. An diesem Altar können Sie auch Heilenergien bündeln und auf andere richten.

Altargegenstände für einen Altar des Heilens

Ein Heilaltar sollte stets makellos sauber sein. Vermeiden Sie jegliche Staubansammlung. Die Gegenstände sollten von Zeit zu Zeit geputzt oder gereinigt werden, die Farben auf dem Altar und des Altartuchs (falls Sie eines benutzen) rein und hell sein, nicht düster oder trübe. Jedes Detail sollte mit pulsierendem Licht und Energie erfüllt sein.

Sie möchten vielleicht ein Foto oder eine Zeichnung von der Person, die Sie heilen wollen, oder einen sie symbolisierenden Gegenstand aufstellen. Wenn Ihr Altar der Selbstheilung gewidmet ist, sollten Sie ein Foto von sich wählen. In jedem Fall sollten diese Fotos den Menschen in guter physischer und emotionaler Verfassung zeigen, nicht unglücklich oder krank aussehend. Wenn Ihr Altar der Heilung des Planeten gewidmet ist, könnten Sie einen kleinen Globus oder ein Bild von der Erde aufstellen.

Ein Symbol für die spirituellen Bereiche im Zentrum Ihres Altars erinnert Sie daran, daß die innere Führung immer nahe ist.

Ganz wichtig ist auch, daß Sie im Zentrum des Altars einen die spirituellen Bereiche symbolisierenden Gegenstand plazieren. Das erinnert Sie unterschwellig daran, daß Sie auf Ihrer Reise zur Ganzheit nicht allein sind; spirituelle Hilfe ist immer nahe.

Manche Altargegenstände könnten auch Metaphern für die Art der angestrebten und erhofften Heilung sein. Zum Beispiel sollten sich auf einem der physischen Heilung gewidmeten Altar Dinge befinden, die eine exzellente Gesundheit symbolisieren, kräftige Pflanzen oder ein Foto von einer sportlichen Aktivität wie Kajakfahren, Joggen oder Klettern. Ist Ihr Altar der Heilung emotionaler Wunden gewidmet, dann suchen Sie entsprechende Sinnbilder dafür. Eine Frau, die ihr gebrochenes Herz heilen wollte, fügte beispielsweise als Symbol ein zerbrochenes Glasherz wieder zusammen, indem sie es mit einem feinen Silberdraht umwickelte.

Ein der emotionalen Heilung und dem inneren Frieden gewidmeter Heilaltar. Die im Mittelpunkt stehende Kuan-Yin-Figur symbolisiert göttliches Mitgefühl und heitere Gelassenheit.

Zur Stärkung des Energiefeldes können Sie einen Bergkristall auf den Heilaltar legen. Kristalle hat man schon in frühester Zeit zum Heilen benutzt, sie eignen sich hervorragend für einen solchen Altar. Zur Steigerung seiner heilenden Eigenschaften reinigen Sie den Kristall zunächst, indem Sie ihn mit Eukalyptusöl einreiben oder in Salzwasser eintauchen, oder aber Sie lassen ihn mindestens fünf Stunden in der Sonne liegen. Dann halten Sie ihn an Ihr Herz und sprechen: »Ich widme diesen Stein dem Heilen. Möge er Licht und Liebe empfangen und ausstrahlen.« Legen Sie ihn anschließend achtsam auf dem Altar nieder, wo er dessen heilende Energie verstärken und erweitern wird.

Heilung auf emotionaler Ebene

In alten Kulturen wurden bei Trauer, Kummer und emotionalem oder verhaltensmäßigem Ungleichgewicht Zeremonien und Rituale eingesetzt, um den Heilprozeß zu unterstützen. Die Struktur der Zeremonie erlaubte eine konstruktive Freisetzung der aufsteigenden Emotionen. Heutzutage kann Ihnen ein Altar als Ankerplatz auf Ihrer Reise zu emotionaler Ganzheitlichkeit dienen.

Bereiche, in denen ein Altar hilfreich sein kann, sind die Heilung bei Kummer, Traurigkeit und dem Verlust einer geliebten Person. Manche Formen von Kummer und Trauer, über die sich nur schwer beiläufig sprechen läßt, können dort ganz persönlich verarbeitet werden. Ein Beispiel dafür ist der Tod eines geliebten Haustiers, der zuweilen als geringfügige Begebenheit angesehen wird, aber für viele den Verlust eines langjährigen geliebten Gefährten bedeutet. Wenn Sie Gegenstände auf Ihrem Altar niederlegen, die diesen Verlust symbolisieren – vielleicht ein Lieblingsfoto von Ihrem Haustier oder ein Spielzeug –, und vor diesem Altar Zeit verbringen und sich an die gemeinsamen guten Zeiten erinnern, können Sie damit Ihren Schmerz anerkennen und den Heilprozeß einleiten.

Ein Heilaltar kann auch dabei helfen, blanke Wut als Reaktion auf eine Kränkung zu heilen. Manchmal steigern sich Wut und Zorn gegenseitig, bis sie außer Kontrolle geraten, weil wir keine geeigneten Wege finden, sie zu verarbeiten. Eine Frau beispielsweise kam jeden Tag voller Wut über die rücksichtslosen Autofahrer, denen sie auf ihrer Heimfahrt von der Arbeit begegnete, nach Hause. Um sich von

Eine Muschel auf einem der emotionalen Heilung gewidmeten Altar symbolisiert die Akzeptanz des Ebbens und Flutens der Gefühle.

dieser Wut zu befreien – zu heilen –, legte sie eines der Spielzeugautos ihres Sohnes auf ihren Altar, als Symbol für sich selbst auf dem Nachhauseweg. Daneben plazierte sie ein Figürchen einer weißen Taube, das für sie Friede und heitere Gelassenheit verkörperte. (Wenn Sie Gegenstände, die ein Problem symbolisieren, neben Dinge stellen, die den Großen Geist repräsentieren, entsteht daraus eine machtvolle Metapher.)

Sie ließ sich jeden Morgen vor der Fahrt zur Arbeit in Kontemplation vor ihrem Altar nieder und sprach die Affirmation: »Ich bin eine ausgeglichene und friedfertige Frau.« Sie berichtete, daß sie sich seither beim Fahren viel friedlicher fühlt. Ihr Altar half ihr, sich ein geistiges Mandala der Gelassenheit zu schaffen, das ihre Reaktionen auf die Ereignisse in ihrem Umfeld beeinflußte.

Sie können für die Heilung auf emotionaler Ebene auch die Bezeichnung der Emotion oder Verhaltensweise, die Sie aufgeben möchten, auf ein Blatt Papier schreiben. Stellen Sie sich dann vor Ihren Altar und verbrennen Sie das Papier in der bewußten Absicht, daß Sie diesen Lebensaspekt heilen wollen. Bewahren Sie die Asche in einem kleinen Behälter auf als Erinnerungshilfe, daß Sie dieses Verhalten aufgeben wollen. Wenn Sie sich einen dem Heilen gewidmeten Altar schaffen und ihn auf subtile Weise nutzen, werden Sie sanft in Richtung innere Heilung gelenkt. Der Altar wird zu einem besonderen Ort, wo Körper, Geist und Seele wirklich geheilt werden können.

Vor einem Altar des Heilens kann das emotionale Gleichgewicht wiederhergestellt und Körper, Geist und Seele wieder heil und ganz werden.

Der Altar der Heilung im Krankenhaus

Ein Heilaltar kann die Energie im Krankenzimmer umgehend verändern und eine sterile und kalte Atmosphäre in eine warme und heilende verwandeln. Bedecken Sie das Nachtkästchen, ein Fensterbrett oder Regalbrett mit einem Tuch, und stellen Sie einige wenige, ausgewählte Dinge auf, einschließlich eines Gegenstands, der exzellente Gesundheit symbolisiert, und eines anderen, der den Großen Geist verkörpert.

Der Altar des Manifestierens

Ihr Hausaltar kann ein wichtiges Werkzeug für die Manifestierung und Verwirklichung Ihrer Träume sein – ein Katalysator, der Ihre inneren Kräfte aktiviert, um zu erschaffen, was Sie sich wünschen. Es gibt ebenso viele Arten von Manifestationsaltären wie persönliche Visionen. Die folgenden Altäre können Sie an Ihre persönlichen Bedürfnisse anpassen.

Der Altar der Liebe

Einen Altar für mehr Liebe in Ihrem Leben zu errichten kann eine freudvolle und erfüllende Tätigkeit sein. Auch kann es Sie einen klaren Blick für und tiefere Einsichten in die Liebe gewinnen lassen, die gegenwärtig in Ihrem Dasein existiert, und dabei helfen, künftig mehr Liebe anzuziehen. Denken Sie bei der Errichtung Ihres Altars daran, daß alle Liebe ein Ausdruck unserer Einheit mit dem Großen Geist ist. Zuweilen fixieren wir uns auf nur einen ihrer Aspekte und vergessen, daß wahre Liebe bedeutet, unsere Verbindung mit uns selbst, mit anderen und dem Schöpfer zu vertiefen. Ob Sie nun Ihren Seelengefährten finden, mehr Liebe in die Familie bringen, Ihr Herz mit Liebe für die ganze Menschheit oder Ihr Bett mit mehr Leidenschaft erfüllen wollen – am Anfang eines Liebesaltars steht die Verbindung mit den schöpferischen liebenden Kräften des Universums.

Finden Sie für den Beginn einen Gegenstand oder ein Bild, das für Sie göttliche Liebe verkörpert. Das wird Sie stets daran erinnern, daß Ihre höhere Macht Sie stets Liebe bekommen und geben lassen möchte – ein Eckpfeiler an Erkenntnis, um mehr Liebe in Ihr Leben zu bringen. Füllen Sie als nächstes Ihren Altar mit allem, was für Sie die Liebe symbolisiert, die Sie manifestieren wollen – Bilder, Stoffe, Dinge aus der Natur, Schmuckstücke, Blumen, Düfte oder Farben. Rote oder purpurfarbene Samtstoffe, hauchdünne Seide, getrocknete Rosenblätter, frische Blumen, Moschusduft, Rosenquarz, Fotos von geliebten Personen aus der Vergangenheit und Gegenwart – alles das kann die Liebeszentren in Geist und Herz stimulieren. Und wenn Sie darüber meditieren, werden sie Sie in eine liebevolle Geistesverfassung versetzen, die ganz natürlich mehr Liebe in Ihr Leben zieht.

Auf diesem Liebesaltar finden sich Symbole der Liebe. Der Engel steht für die höhere Macht der Liebe.

Wenn Sie sich romantische Liebe wünschen, dann plazieren Sie Dinge paarweise auf Ihrem Altar als Symbol für ein Pärchen, zum Beispiel zwei Turteltaubenfigürchen. Stellen Sie nicht nur ein ein-

zelnes Foto von sich auf, das wäre kein gutes Sinnbild für die Zukunft. Andere Dinge, die Sie in Erwägung ziehen könnten, sind Figuren oder Bilder von Paaren, die sich umarmen, Statuen von Venus, Aphrodite oder Amor, Räucherwerk wie Ylang Ylang, das mit romantischer Liebe assoziiert wird, oder rosafarbene Kerzen.

Der Altar der Fülle

Fülle existiert als Begriff ebensosehr im Geist wie in der materiellen Welt. Es gibt Menschen, die allgemein als reich gelten, und doch sorgen sie sich um ihr Vermögen und fürchten jeden Tag seinen Verlust. Am anderen Ende des Spektrums finden sich Menschen, die über Nahrung und Obdach hinaus über wenig materiellen Reichtum verfügen, sich aber als reich betrachten, weil sie ihre Arbeit lieben, glückliche Kinder haben oder ähnliche unbezahlbare Schätze, für die sie dankbar sind. Wenn Sie sich einen Altar der Fülle schaffen wollen, müssen Sie sich als erstes darüber klar werden, was Reichtum, Fülle und Wohlstand für Sie bedeuten. Manche Leute halten sich für arm, nur weil sie sich niemals vergegenwärtigt haben, wie viele wunderbare Dinge sie bereits besitzen. Das Phänomen der Fülle ist eng mit dem Prinzip der Dankbarkeit verknüpft: Je dankbarer Sie für

Goldfarbene Säckchen mit Korn, eine vergoldete Buddhastatue, eine Schale mit Reis und ein prächtiges Tuch schmücken diesen Altar der Fülle. Schöne Kristallfläschchen (rechts) könnten auch Ihren Altar zieren.

Eine Schildkrötenfigur auf einem Altar der Fülle kann für Stabilität und Geerdetsein stehen.

alles sind, was Sie haben, desto mehr Reichtum ziehen Sie an. Es empfiehlt sich, bei der Auswahl der Gegenstände für diesen Altar einige symbolische Elemente für das, woran Sie sich bereits erfreuen, mit einzubeziehen.

Nehmen Sie sich in dankbarer Gesinnung Zeit für eine Inventur aller guten Dinge in Ihrem Leben. Entscheiden Sie danach, was Sie noch zusätzlich brauchen oder sich wünschen, um sich »reich« zu fühlen. Bedeutet das für Sie, mehr Zeit für die Dinge zu haben, die Sie lieben? Oder mehr Mobiliar? Oder die Mittel für Reisen an exotische Orte? Was für den einen Fülle bedeutet, mag für einen anderen etwas ganz anderes sein.

Der eine mag sich unglaublich reich fühlen, weil er als Fotojournalist die ganze Welt bereisen kann. Für einen anderen mag sich das wegen der endlosen Arbeitsstunden und der langen Abwesenheit von zu Hause wie ein sehr armseliges Leben ausnehmen. Für diese Person bedeutet Reichtum vielleicht eine kleine, abgelegene Hütte in den Wäldern, fern von aller Hektik des modernen Lebens. Nehmen Sie sich Zeit, ganz klar die Bilder zu visualisieren, die bei Begriffen wie Luxus, Fülle und Reichtum in Ihnen aufsteigen. Diese Bilder und Empfindungen werden Sie bei der Auswahl der Gegenstände für Ihren Altar der Fülle anleiten. Versichern Sie sich, daß er Ihnen, wenn alle Gegenstände versammelt sind, ein Gefühl von Fülle vermittelt. Manche assoziieren mit Luxus die Farbe Gold, buntgemusterte Stoffe, schöne Steine, schwere Düfte und massive Bilderrahmen, anderen wiederum vermitteln Fotos von exotischen Stränden ein Gefühl von Überfluß. Lassen Sie Ihren Altar ein Mandala für den Wohlstand sein, den Sie sich ersehnen, und vielleicht stellen Sie dann fest, daß Fülle in Ihr Leben einströmt.

Früchte, Reis, ein Lingam und die Figur einer Göttin mit ausladenden Brüsten sind Symbole für Fruchtbarkeit, die Sie auf Ihren Fruchtbarkeitsaltar stellen könnten.

Der Altar der Fruchtbarkeit

Der Fruchtbarkeit gewidmete Altäre gehören zu den traditionellsten und ältesten Altären. Wenn wir die Produktivität und Fruchtbarkeit unseres menschlichen Körpers feiern, bekräftigen wir alles Leben und den Fortbestand unseres Planeten, auch wenn wir persönlich kein Kind bekommen wollen. Sie können solche Altäre nutzen, um sich einer höchst produktiven, fruchtbaren oder ertragreichen Zeit zu versichern, oder auch, um die weiblich-göttliche Energie, die Ihnen und allen Menschen innewohnt, zu aktivieren.

Wenn Sie jedoch versuchen, schwanger zu werden, dann bietet das Errichten eines Fruchtbarkeitsaltars die Möglichkeit, auf ganz besondere und bewußte Weise ein neues Wesen ins Leben zu rufen. Die

Energie, die Sie in diesen Prozeß einbringen, stellt sicher, daß Ihr Kind noch vor seiner Empfängnis Ihren Wunsch und Ihre Liebe spürt. Was für eine wunderbare Weise, auf die Welt zu kommen – in eine Familie, die einem sehr ersehnten Kind einen eigenen heiligen Altar errichtet hat!

Für Ihren Fruchtbarkeitsaltar könnten Sie Repliken alter Fruchtbarkeitssymbole wie etwa die Göttinnenfiguren aus Ton mit den ausladenden Hüften und vollen Brüsten in Betracht ziehen. Manche von ihnen zeigen eine gebärende oder eine ein Kind stillende Frau. Diese uralten Symbole für die Erdmutter stellen auf bezwingende Art den Prozeß der Verjüngung und Erneuerung dar und knüpfen als Altarobjekte ein unmittelbares Band zu den Energien der Göttin.

Feiern und erzeugen Sie an Ihrem Fruchtbarkeitsaltar Produktivität und Fruchtbarkeit in allen Ihren Lebensbereichen.

Andere Symbole und Gegenstände, die sich hervorragend eignen, sind geschnitzte und gefärbte Eier aus Holz oder poliertem Stein. Sie werden mit Fruchtbarkeit und Neugeburt assoziiert, ebenso wie Darstellungen von jungem Wachstum und Frühlingsfarben. Bilder von Babys, Müttern, jungen Tieren, der Fülle der Erde, frischem Gras und Blumenknospen – sie alle rufen in Ihnen die Kräfte des neuen Lebens, der Anfänge und Fruchtbarkeit hervor.

Vielleicht möchten Sie auch Fruchtbarkeitssymbole aus alter Zeit mit einbeziehen. Im alten europäischen Volksglauben wurde, neben der Hirsch- und Elchkuh, die Bärin mit Mutterschaft assoziiert (Bär und Gebären entspringen etymologisch derselben Wurzel), ein Thema, das Marija Gimbutas in ihrem Buch *Die Sprache der Göttin* behandelt.(1) In den Mythen der alten Griechen und Sumerer und auch in den schottischen und irischen Märchen wird die Hirschkuh mit Mutterschaft und dem Schenken von Leben assoziiert. Archäologische Ausgrabungen wiederum belegen einen prähistorischen Hirschkult,

Der Hirsch wird von alters her mit Regeneration assoziiert.

Eine offene Blüte mit Stempeln symbolisiert Fruchtbarkeit.

in dem vor 14 000 Jahren die gebärenden Kräfte der Hirschgottheit verehrt wurden. Mit Hilfe der symbolischen Darstellung solcher Tiere auf Ihrem Altar lassen sich die Fruchtbarkeitskräfte in Ihrem Bewußtsein und Leben mit Energie aufladen.

Der Altar des Mutes und Vertrauens

Wir alle erleben Zeiten im Leben, die Mut, außergewöhnliche Stärke und Vertrauen erfordern, an denen wir unsere Fähigkeit testen können, Schmerz, Verlust und andere persönliche Prüfungen zu ertragen. Dann kann ein Altar, der dem Mut und dem Vertrauen gewidmet ist, großen Trost spenden. Wählen Sie in diesem Fall ein Symbol der Stärke zu einem der Mittelpunkte Ihres Altars. Für Personen mit tiefer religiöser Bindung können beispielsweise Ikonen, Fotos oder kleine Statuen von Gottheiten und Heiligen, Buddhas oder spirituellen Lehrern eine Hilfe sein, für andere vielleicht Totemtiere oder universelle Symbole der Stärke, wie etwa Darstellungen von Bergen, Ozeanen oder dem Kosmos. Sie können auch Symbole für die Erde einbeziehen, die so viele Millionen Jahre überdauert hat, oder Abbildungen von traditionell mit Stärke und Kraft assoziierten Geschöpfen wie Löwe, Wal und Elch. Gegenstände aus Holz, vor allem handgeschnitzte, sind ebenfalls gut geeignet, denn sie repräsentieren die Kraft der Bäume, aus deren Holz sie gemacht sind, ebenso wie die Geduld und Stärke der Person, die sie gefertigt hat. Als Altartuch eignen sich robuste Stoffe, etwa aus Leinen oder Wolle, da sie Stärke ausstrahlen.

Lassen Sie während der Kontemplation vor dem Altar die Kraft der von Ihnen ausgewählten Gegenstände auf sich einwirken. Lassen Sie diese Kraft Teil Ihrer selbst werden. Machen Sie sich bewußt, daß ihre symbolische Stärke und Ausdauer Teil Ihres Bewußtseins wird. Erkennen Sie, daß der Glaube, den die von Ihnen ausgewählten Symbole verkörpern, Ihnen die Energie und Kraft verleiht, sich dem zu stellen, womit Sie gegenwärtig konfrontiert werden. Haben Sie zum Beispiel für Ihren Altar des Mutes ein Tier wie den Elch oder Tiger gewählt, dann stellen Sie sich vor, daß deren Tapferkeit die Ihre wird. Seien Sie versichert, daß Ihnen keine Situationen auferlegt werden, in denen Sie nicht den Mut finden, sich ihnen zu stellen und sie zu durchleben. Lassen Sie die Energie des Vertrauens, des Mutes und der Stärke, die Ihr Altar versinnbildlicht, Ihren Körper und Ihre Seele durchströmen.

Der Altar der Kreativität

Ganz besonders aufregend und anregend ist es, einen Altar oder heiligen Ort in Ihrem Zuhause zu schaffen, der der Kreativität gewidmet ist. Wie Joseph Campbell in *Die Kraft der Mythen* schreibt (2), ist dies der Ort, an dem Sie ganz einfach erleben und ausdrücken können, was Sie sind und sein könnten. Es ist der Ort schöpferischen Reifens. Zu Anfang stellen Sie vielleicht fest, daß sich dort nichts tut. Doch

Cucumber
Pumpkin
Radish
Damar Varnish
Utrecht

wenn Sie einen geheiligten Ort haben und ihn nutzen, wird schließlich etwas passieren. Kreativität ist das Herz, ist die Seele, ist die Essenz des Großen Geistes. Man sagt, daß wir dem göttlichen Geist dann am nächsten sind, wenn wir kreativ sind. Die Schaffung eines solchen Altars bietet Ihnen grenzenlose Möglichkeiten für die freudige Selbstdarstellung.

Was möchten Sie sich schaffen? Wollten Sie es schon immer mal mit dem Malen, Schreiben, Nähen, Schreinern, Töpfern oder mit einem neuen Modestil versuchen? Lassen Sie sich nicht von den herkömmlichen Vorstellungen von Kreativität beeinträchtigen. Kreativität ist eine Einstellung, die jede menschliche Tätigkeit mit dem göttlichen Funken beleben und langweilige Arbeiten in etwas Erfüllendes verwandeln kann.

Ein Kreativitätsaltar kann einem einzelnen Projekt gewidmet oder darauf gerichtet sein, den kreativen Geist in alle Lebensaspekte einzubringen. Bringen Sie beim Entwerfen dieses Altars Ihr inneres Kind zum Vorschein, und lassen Sie es spielen. Zensieren Sie sich nicht. Sie können den Altar mit Kinderspielzeug und Andenken ebenso wie mit erhabeneren Dingen künstlerischer Bemühungen schmücken. Verwenden Sie helle und starke Farben, befreien Sie Ihre Phantasie, entwerfen Sie alles so, wie Sie wollen, fürchten Sie sich nicht, Ihrer Person Ausdruck zu geben und Ihre geheimen Träume darzustellen. Wenn Sie es wünschen, braucht niemand außer Ihnen den Altar zu sehen, also legen Sie los! Dies ist ein sicherer Ort, an dem Sie sich ungehindert ausdrücken und Ideen ausprobieren können, von denen Sie immer nur geträumt haben.

Der Kreativitätsaltar kann auch eine Stätte sein, an der symbolisch Blockaden gelöst werden, die Sie an der vollen Verwirklichung Ihrer schöpferischen Kräfte hinderten. Finden Sie in diesem Fall Gegenstände, die für die Erfüllung eines unerreichten Traumes stehen. Vielleicht haben Ihnen Ihre Eltern gesagt, daß Sie ungelenk sind und nie gut tanzen können würden, doch Ihr schöpferischer Geist sehnt sich nach wildem freiem

Ein Altar, der der Entwicklung des kindlichen spontanen Ausdrucks von Freude und Kreativität gewidmet ist.

Tanzen. Sie könnten das Bild einer Tänzerin, eines Tänzers oder ein altes Paar Tanzschuhe finden und auf den Altar stellen. Durch diesen physischen Akt bringen Sie die Verwirklichung Ihres Traums zur Darstellung, Ihr Altar wird zum Mandala des kreativeren Selbstausdrucks. Denken Sie daran, daß Ihre Herzenssehnsüchte oft die Bitte Ihres höheren Selbst sind, das geboren werden möchte. Die Tatsache, daß Sie etwas erreichen wollen, ist ein Hinweis darauf, daß der Große Geist Sie in diese Richtung führt.

Der Altar der Affirmation

Dieser Altar gleicht ein wenig dem Kreativitätsaltar, kann aber auch speziellen Lebensbereichen gewidmet sein, die sich nicht direkt auf kreative Bemühungen beziehen. Er kann Ihnen helfen, eine schwierige Zeit durchzustehen oder ein bestimmtes Ziel zu verwirklichen. Er liefert Ihnen sichtbare Symbole für das, was Sie in Ihrem Leben bestärken oder erreichen wollen.

Eine Frau schuf sich zum Beispiel einen Affirmationsaltar, weil sie ihren Körper akzeptieren und lieben lernen wollte. Obwohl ihr viele Leute sagten, daß sie hübsch sei, entdeckte sie ständig irgendwelche Makel an sich und war unglücklich über ihre üppige Figur, und daran wollte sie endlich etwas ändern. Sie suchte Kinderfotos und andere Fotos von sich heraus, die sie als Erwachsene an Schlüsselpunkten ihres Lebens zeigten, in denen sie voller Stolz auf das von ihr Erreichte war. Sie steckte sie in wunderschöne Rahmen und umgab sie mit Blumen, geschliffenen Steinen, Flakons und anderen Gegenständen, die sie liebte und bewunderte. Dann schrieb sie sorgfältig formulierte Affirmationen auf handgeschöpftes Papier und plazierte sie zwischen den anderen Dingen auf dem Altar.

Ihr Affirmationsaltar kann Ihnen für die Verwirklichung Ihrer Ziele und Träume eine Stütze sein.

Eine dieser schön geschriebenen Affirmationen lautete: »Ich bin eine lebensprühende, elegante und attraktive Frau. Ich liebe mich und meinen Körper genau so, wie ich bin. So sei es.« Wenn sie nun meditierte, las sie jede Affirmation und legte sie dann wieder sorgsam auf den Altar. Mit der Zeit begann sie, die Schönheit des Altars mit den Bildern von sich selbst in Verbindung zu bringen, und ihre lebenslange Abneigung gegen ihre äußere Erscheinung verwandelte sich zunächst in Akzeptanz und dann in positive Gefühle für ihr physisches Selbst.

Ein Affirmationsaltar kann jedem von Ihnen gewünschten Ziel, Anliegen oder Problem gewidmet sein. Er kann Ihnen sehr erfolgreich dabei helfen, Ihre Ziele zu verwirklichen, insbesondere im Hinblick auf die Transformation Ihrer selbst und Ihrer Realität. Formulieren Sie in jedem Fall Ihre Affirmationen so, als seien sie schon Wirklichkeit. Suchen Sie sich Gegenstände und Bilder, Materialien, Farben und Gerüche, die symbolisch mit der Situation oder Einstellung, die Sie verändern möchten, korrespondieren. Meditieren Sie in der Gegenwart dieser Dinge, und sprechen Sie Ihre Affirmationen laut aus.

Altäre des Übergangs

Die alten Kulturen ehrten die zyklische Natur des Lebens mit Zeremonien, die den Wechsel der Jahreszeiten feierten, oder mit Ritualen, die den Übergang einer Person von einem Lebensstadium ins nächste markierten. Dem Übergang im Leben gewidmete Altäre werden benutzt, um die verschiedenen Lebensabschnitte, die zum Aufenthalt eines jeden Menschen auf diesem schönen Planeten gehören, zu kennzeichnen, zu feiern oder auch manchmal zu betrauern.

Wir feiern die Überbleibsel alter Rituale an unseren heutigen Festtagen, die in etwa mit den Sonnenwenden und Tagundnachtgleichen des Jahres korrespondieren, aber unsere Oster- und Weihnachtsfeste sind extrem kommerzialisiert und ihrem ursprünglichen Sinn entfremdet worden.

Altäre des Lebensübergangs ehren die wichtigen Ereignisse Ihrer Lebensreise.

Ähnlich werden bedeutsame Ereignisse in unserem Leben oft nur mit einer minimalen Zeremonie gefeiert. Die Geburt eines Kindes beispielsweise ist zwar ein Anlaß für Geschenke, doch häufig fehlt ihnen die spirituelle Dimension, das erstaunliche Phänomen eines neuen Lebens wird folglich nicht wirklich gewürdigt oder geehrt.

Diese Lücke können wir ganz wesentlich schließen, wenn wir die Jahreszeiten unseres Lebens und der Erde an unserem Hausaltar feiern. Es entspricht einem uralten und universellen Bedürfnis, Altäre zu errichten, um den Verlauf der Zeit und wichtige Ereignisse im Leben zu würdigen und zu ehren.

Altar der neuen Beziehungen

Das Eingehen einer neuen Liebesbeziehung, die Eheschließung, die Geburt eines Babys oder eine neue Arbeitsstelle sind alles Beispiele für den Übergang von einer Lebenserfahrung in eine andere. Jeder Wechsel bringt neue und andere Beziehungen mit sich, und ein Altar zu ihrer Ehrung kann helfen, diese neuen Beziehungen zu stärken. Denken Sie bei der Auswahl der Dinge, die Sie auf einen solchen Altar stellen wollen, darüber nach, welche Qualitäten Sie mit der Zeit in Ihren Beziehungen entwickeln wollen, und finden Sie Gegenstände, die sie repräsentieren. Wenn Sie sich zum Beispiel ein Sinnbild für Ihre neue Arbeitsstelle schaffen wollen, könnten Sie in der Altarmitte einen kleinen Kreis anlegen, mit Kieselsteinen, die für Ihre Mitarbeiter stehen, samt einem Stein, der Sie symbolisiert. Das ergäbe eine wirkungsvolle Darstellung von Ihnen und Ihren Mitarbeitern in einem harmonischen Kreis der Freundschaft und des gemeinsamen Bemühens. So werden Sie jedesmal, wenn Sie auf diesen Steinkreis blicken, unterschwellig an Ihre sich entwickelnden Beziehungen erinnert.

Altar der neuen Liebe

Anfänge sind wichtig und sollten genährt werden, und ein der neuen Liebe gewidmeter Altar kann als Mittelpunkt fungieren, um Ihre neue Liebesbeziehung zu feiern. Ein solcher Hausschrein hilft, positive Energien zu erzeugen, die die Beziehung auch in Zukunft gedeihen lassen. Sie können dort ein glückstrahlendes Foto von sich und Ihrem oder Ihrer Geliebten als Affirmation künftigen Glücks und Zufriedenheit aufstellen. Möglich sind auch Gegenstände, die Sie an gemeinsam verbrachte schöne Zeiten erinnern – die Eintrittskarte des ersten gemeinsamen Theaterbesuchs, getrocknete Blütenblätter von einem besonderen Blumenstrauß oder ein farbiges Herbstblatt, das Sie von einem Spaziergang mitgebracht haben.

Altar der Ehe

Die Errichtung eines Ehealtars kann wunderbar und aufregend sein. Sie könnten ihn am Tag der Eheschließung aufbauen und mit symbolischen Darstellungen künftigen Segens ausstatten. Eine Schale oder ein Korb könnte beispielsweise Segenssprüche und gute Wünsche enthalten, die die Hochzeitsgäste für Sie aufgeschrieben haben. So könnten die Gefühle der Freude und des Glücks noch jahrelang von diesem Hochzeitskorb aus in Ihr Heim ausstrahlen. Weiter eignen sich hier Symbole für einen starken ehelichen Zusammenhalt – ein Stein für eine gut geerdete Beziehung, ein Kristall für Licht und Spiritualität, Maiskörner für Fruchtbarkeit und ein Spielzeug für Verspieltheit in der Ehe.

Dieser Ehealtar ist geschmückt mit Mais für die Fruchtbarkeit, Spielzeug für die Verspieltheit, Rosen für die Liebe, Kristallen für die Spiritualität, sowie Licht und Kerzen für die Freude.

D
S Z
C U
A
R

Altar für ein Baby

Dieser Altar kann ein heiliger Bereich sein, der sich mit dem Wachstum des Kindes ständig erweitert und verändert. Er kann geschmückt sein mit Fotos des Babys, Segenssprüchen von anderen Menschen, einer der Gesundheit und dem Wohlsein des Kindes gewidmeten Pflanze, einer Ikone für seine Verbindung mit dem Großen Geist und einer kleinen Engelstatue für seinen Schutzengel. Hier können auch die erste Haarlocke, ausgefallene Milchzähne und erste gemalte Bilder aufbewahrt werden. Wird das Kind älter, möchte es vielleicht an der weiteren Gestaltung dieses geheiligten Ortes mitwirken. Haben Sie mehr als ein Kind, können Sie für jedes Kind einen Altar oder geheiligten Ort in Erwägung ziehen.

Altar der Initiation

Alte Kulturen wußten, wie wichtig es ist, den Eintritt ins Erwachsenenleben zu ehren, und dafür wurden oft spezielle Zeremonien abgehalten. Opfergaben wurden dargebracht, und die Kinder wurden durch ein formelles Ritual in ihren neuen Status eingeführt. Ein Initiationsaltar kann diese alte Sitte wieder aufleben lassen. Versammeln Sie die Familie für die gemeinsame Gestaltung dieses Altars. Lassen Sie jedes Familienmitglied einen Gegenstand auf dem Altar plazieren, der die neue Dynamik im Beziehungsgefüge symbolisiert, die sich aus dem Eintritt des Kindes in ein reiferes Alter ergibt. Beenden Sie die Zeremonie mit einem Festmahl.

Altar der Jahreszeiten

Überall auf der Welt haben die Menschen Altäre für Zeremonien zur Feier der Jahreszeiten und Bewegungen der Himmelskörper benutzt. Das Stadtleben hat uns den umfassenderen Zyklen der Natur entfremdet. Mit Hilfe eines den Jahreszeiten gewidmeten Altars können wir die Rhythmen der Natur wieder in unser Leben integrieren, den zyklischen Mustern des Lebens Ehre erweisen und die Energie der Natur in unser Heim bringen. Ein solcher Altar sollte viermal im Jahr durch eine Zeremonie erneuert werden – zu den Sonnenwenden und Tagundnachtgleichen.

Die Altargegenstände sollten die jeweilige Jahreszeit symbolisieren. Den Frühlingsaltar könnten Sie mit frischen Blumen, einer Schale mit Frühlingsregenwasser und Samenkörnern für den Neuanfang ausstatten. Er ist ein ausgezeichneter Ort, um mit inneren Prozessen für die Initiierung neuer Projekte zu beginnen.

Dieser dem Baby gewidmete Altar umfaßt Schutzengel, Spielzeug für die Freude, ein Foto des Kindes und einen leeren Raum als Hinweis darauf, daß ihm künftig alle Möglichkeiten offenstehen.

Ein Sommeraltar könnte Symbole für Ausdehnung, Fülle und Wohlstand aufweisen, zum Beispiel Sommerblumen, Gold, Kerzen, prächtige Stoffe und alles, was blinkt und glänzt. Gibt es einen Lebensbereich, den Sie gerne erweitern würden – etwa an Ihrem Arbeitsplatz mehr Verantwortung übertragen zu bekommen –, dann können Sie die Energie des Sommeraltars nutzen, um Ihren Wunsch zu bekräftigen.

Der Herbst ist die Zeit der Ernte, und wenn es irgend etwas in Ihrem Leben gibt, das Sie gerne ernten oder vollenden würden, können Sie einen Gegenstand, der Ihre diesbezüglichen Wünsche symbolisiert, auf Ihren Herbstaltar stellen. Ferner könnte er mit einem Bündel Weizenhalme, bunten Herbstblättern und einem Foto oder einer Zeichnung von einer Herbstlandschaft geschmückt werden.

Der Winter ist die Zeit der inneren Einkehr, der Konsolidierung Ihrer Energie und des Ent-

Ein zur Tagundnachtgleiche errichteter Frühlingsaltar mit Eiern, Blumen und einer Häschenfigur als Symbol und zur Feier des Neuanfangs.

stehens neuer Ideen. Ihr Winteraltar könnte karg ausgestattet sein, vielleicht reicht ein einziges Foto von einem schneebedeckten Berg oder ein schwarzes oder dunkles Altartuch. Wenn es einen Lebensaspekt gibt, der der Festigung und Konsolidierung bedarf, können Sie die Energie des Winteraltars dafür nutzen.

Der Medizinrad-Altar

Ein Medizinrad-Altar basiert auf der indianischen Philosophie des heiligen Kreises und ist die physische Darstellung des heiligen Kreises, der das Leben umfängt. Im tiefsten Sinn steht er für alle großen Zyklen des Lebens, den Kreislauf von Geburt, Tod und Wiedergeburt, den Jahreszeitenzyklus, die vier Grund-

Ganz links: Ein Medizinrad-Altar aus Steinen und Kieseln in einem Garten. Links: Eine Miniaturversion aus Steinen und Muscheln.

elemente – Luft, Wasser, Feuer und Erde – und die vier Himmelsrichtungen eingeschlossen.

Ein Medizinrad-Altar besteht im allgemeinen aus einem in vier Abschnitte unterteilten Kreis. Diese können durch vier Objekte am Außenrand gekennzeichnet werden, die für die vier, gemeinhin durch den Kompaß bestimmten Himmelsrichtungen stehen: Osten, Süden, Westen und Norden. Oft ist dies ein Kreis aus kleinen Steinen und vier besonderen oder größeren Steinen an den Kardinalpunkten der Himmelsrichtungen. Doch es können hier auch Pinienzapfen, Muscheln, getrocknete Blumen und andere Naturgegenstände verwendet werden. Sie können das Medizinrad auch aufzeichnen oder in ein Tuch sticken. Nicht die vorgeschriebene Form, sondern die in seine Schaffung einfließende Absicht und Liebe verleihen ihm seine Kraft.

Ein Medizinrad-Altar kann auf einem Regal oder Mauersims errichtet werden, auch auf einem Couchtisch, auf dem Boden oder im Freien. Wenn Sie Platz für einen wirklich großen Kreis haben, können Sie ihn auch als Ort für Ihre Meditationssitzungen benutzen. Das Meditieren innerhalb dieses geheiligten runden Schreins kann zu einer sehr bewegenden Erfahrung werden.

Das Meditieren an einem Medizinrad-Altar kann Sie mit den heiligen Zyklen Ihres Lebens verbinden.

Es ist wichtig, daß Sie etwas über die Bedeutung eines Medizinrad-Altars und vor allem seiner Kardinalpunkte wissen, bevor Sie ihn errichten. Denn dies wird ihm Kraft verleihen. Obgleich die Bedeutung der

Die Mitte des Medizinrad-Altars steht für den Schöpfer und Begegnungsort der sichtbaren und unsichtbaren Reiche.

Kardinalpunkte in den einzelnen indianischen Stämmen etwas unterschiedlich interpretiert wird, möchte ich Ihnen trotzdem hier ein paar damit verbundene Assoziationen vermitteln.

Osten: Der symbolische Beginn des Medizinrads ist der Osten. Die Indianer glauben, daß dort die Neuanfänge zu Hause sind. Der Osten steht für den Frühling, die Morgendämmerung und den zunehmenden Mond. In ihm ist die Erregung des neuen Lebens und der Neugeburt enthalten. Er steht für die Zeit, in der gesät und gepflanzt wird und die frischen Keimlinge sich durch die Dunkelheit der Erde ans Licht der Sonne drängen. Der Osten kann das Element der Luft und unsere eigenen mentalen Kräfte symbolisieren.

Süden: Der südliche Punkt Ihres Medizinrad-Altars steht für den Sommer, die Mittagssonne und den Vollmond. Das Getreide steht hoch. Die Tage sind lang und hochsommerlich warm. Es ist die Zeit der Fülle und Ausdehnung. Der Süden wird mit einer Zeit der Kindheit und des raschen Wachstums assoziiert. Er kann für Wasser und den emotionalen Aspekt Ihrer Persönlichkeit stehen.

Westen: Der westliche Punkt Ihres Altars wird mit dem Herbst, der untergehenden Sonne und dem abnehmenden Mond assoziiert. Reichliche Ernte wird eingefahren. Der Westen steht für die Jahre des Erwachsenwerdens, der Veränderung, des Eintritts in die Reife und für Entdeckung, Transformation und Experimentieren. Er kann das Feuer und die spirituelle Seite Ihres Selbst symbolisieren.

Norden: Der nördliche Punkt steht für das Reich des Winters, die dunkelsten, längsten Nächte, die dunkle Phase des Mondes, aber auch für Vollendung und Konsolidierung. Der Norden wird mit dem Erreichen der Reife, den Leistungen in den Jahren der Lebensmitte und mit dem Übertritt ins Alter assoziiert. Es ist eine Zeit der Ehrung der Älteren, der Großmütter und Großväter, der Weisen. Er verkörpert zudem die Magie des Zyklus von Tod und Wiedergeburt und steht für die Erde und den physischen Aspekt des Selbst.

Radmitte: Gemeinsam stellen die vier Kardinalpunkte des Medizinrad-Altars die inneren und äußeren Zyklen des Lebens dar. Doch sein allerheiligster Ort ist die Mitte, denn sie symbolisiert den Schöpfer und die Begegnung der sichtbaren und unsichtbaren Reiche. Die frühen Mystikerinnen und Mystiker vieler Kulturen wußten um die Heiligkeit des Zentrums des heiligen Kreises und benutzten ihn als Sammlungspunkt für die Kommunikation mit dem Göttlichen.

Der Altar der Vollendung

Die Enden sind so wichtig wie die Anfänge, und ein Altar ist ein vorzüglicher Ort, um der Vollendung eines Lebenszyklus Ehre zu erweisen. Der Abschluß eines Zyklus erleichtert den Beginn eines neuen.

Der Tod einer geliebten Person

Unsere Kultur entbehrt der Zeremonien, die dem Zyklus des Todes Ehre erweisen und die Heilung durch den Trauerprozeß unterstützen. Die kurze Dauer einer Beerdigungsfeier trägt der langen Trauerphase nicht Rechnung, so wie das bei den Todeszeremonien früherer Zeiten in den verschiedenen Kulturen der Fall war. Heute haben viele Menschen keinen Bezug mehr zu religiösen Traditionen, die den durch den Tod verursachten Verlust in seinem ganzen Umfang anerkennen, und verfügen somit auch über keine angemessenen Mittel, ihre Trauer zu durchleben und dann loszulassen.

Ein Altar bietet Ihnen eine umfassende Möglichkeit, einer verstorbenen Person Ehre zu erweisen und sich von ihr zu verabschieden, ein Prozeß, der den Kummer heilen hilft. Wenn Sie eine Ihnen nahestehende Person oder auch ein geliebtes Haustier verloren haben, können Sie an einem besonderen Platz in Ihrem Zuhause ein Foto von ihr oder ihm aufstellen. Daneben könnten Sie Andenken an die Be-

Ein einfacher Gedenkaltar für einen geliebten Großvater.

ziehung wie Briefe, spezielle Geschenke oder mit besonderen Erinnerungen verknüpfte Gegenstände plazieren. Sie könnten ab und zu eine Kerze anzünden, um sich für alles, was Sie aus dieser Beziehung gewonnen haben, zu bedanken und dem oder der Verstorbenen eine gute Weiterreise im Jenseits zu wünschen. Ein solcher Altar kann für kurze Zeit nach dem Todesfall oder auch über zwölf Monate hinweg benutzt werden. Letzteres entspricht dem traditionellen Zeitraum, der in vielen Kulturen für die Trauer und Heilung veranschlagt wird.

Vollendung einer Beziehung

Wenn wir wachsen und uns verändern, kommt zuweilen ein Zeitpunkt, an dem wir einen anderen Weg einschlagen als die Person, der wir uns einmal sehr nahe fühlten. Das ist ein natürliches, wenngleich oft mit viel Schmerz verbundenes Phänomen. Die durch solche Trennungen verursachten Traumata und Schwierigkeiten können durch eine zeremoniell vollzogene Beendung der Beziehung gemildert werden, und ein der Vollendung gewidmeter Altar unterstützt diesen Prozeß. Sie könnten zum Beispiel nach einer Scheidung ein Foto von Ihnen und eines von Ihrem Ex-Partner auf dem Altar einander gegenüberstellen, getrennt durch eine klare Grenzlinie, die symbolisiert, daß das Eheband zerschnitten ist und jede Person nun ihr eigenes Leben weiterführen kann.

Kinder werden erwachsen und verlassen das Haus

Ein Altar eignet sich auch hervorragend dafür, das Ende der Phase zu markieren, die der Erziehung der Kinder gewidmet war, die sich nun anschicken, das Elternhaus zu verlassen. Zur Ehre dieses Lebensabschnitts könnten Sie beispielsweise ein Foto von der Abiturfeier und irgend etwas, das für die wachsende Unabhängigkeit des Kindes steht, auf den Altar stellen. Eine Feder zum Beispiel könnte symbolisieren, daß das Kind flügge geworden ist und sein Nest verläßt, um sich seinen eigenen Platz in der Welt zu schaffen. Es eignet sich hier jeder Gegenstand, der das Ende einer Phase und den Beginn eines neuen Abschnitts für Sie und Ihr Kind zum Ausdruck bringt.

7319
Sea ttle, Washington
98115
USA
Huh?
Ref. No. 90
Suidelike Afrika

Altäre für besondere Gelegenheiten

Festtagsaltar

In manchen Kulturen werden besondere Feier- oder Festtage mit einem Festtagsaltar gewürdigt. In Japan etwa legt man einmal im Jahr beim Bon-Fest zu Ehren der Ahnen Kräuter, Blumen und Speisen als Opfergaben auf dem Familienschrein nieder. Und im Christentum kennt man die Krippenszenen mit Maria, Josef, dem Jesuskind und einer Ansammlung von Tieren, Hirten und den Heiligen Drei Königen, die zur Weihnachtszeit in Altarform aufgebaut werden.

Ein Festtagsaltar bringt nicht nur Festtagsstimmung ins Haus, sondern würdigt auch die den Feiertagen zugrundeliegende tiefere Bedeutung. Sie können dabei den traditionellen Motiven folgen oder Ihre eigene Kreativität einsetzen. Ein dem 1. Mai gewidmeter Altar könnte zum Beispiel mit frischen Frühlingsblumen, grünen Zweigen, Bändern, Holzgegenständen und Blumengirlanden zu Ehren der Fruchtbarkeit der kommenden Jahreszeit geschmückt werden. Opfergaben, Kerzen und eine Urne auf einem der Wintersonnenwende oder Neujahr gewidmeten Altar könnten eine

Dieser Festtagsaltar ehrt die Wiedergeburt der Sonne zur Wintersonnenwende.

Vorhergehende Seiten: Ein Urlaubsaltar mit Andenken an einen fröhlichen Sommerurlaub am Meer.

symbolische Stätte bilden sowohl für Ihre Träume für das kommende Jahr als auch um alte Erinnerungen und Erfahrungen des vergangenen Jahres loszulassen. Wenn Sie einen Festtagsaltar errichten, bekräftigen Sie mit jedem Schritt seines Aufbaus die heilige Dimension, die den jeweiligen Feiertagen zugrunde liegt.

Urlaubsaltar

Stellen Sie sich vor, Sie hätten einen wundervollen, erholsamen Urlaub am Meer verbracht. Alles war perfekt. Alles hat gestimmt. Der Himmel war blau, die Luft klar. Jeder Tag floß harmonisch in den nächsten über und brachte neue Abenteuer und Freunde mit sich. Wenn Sie sich etwas von dieser Energie und dieser erlebten Freude bewahren möchten, könnten Sie ein schönes Stückchen Treibholz, das sie an einem frühen Morgen fanden, oder auch die Perlmuttstückchen oder schön gefärbten Kiesel, die Sie am Strand auflasen, auf Ihren Urlaubsaltar legen. Gegenstände, die Sie an diese wunderbaren Tage erinnern, können die Freude und das Glücksgefühl für den Rest des Jahres in Ihnen lebendig erhalten.

Geburtstagsaltar

Ein Geburtstagsaltar kann jedes Jahr an Ihrem Geburtstag erneuert werden. Sie können ihn mit Dingen schmücken, die Ihre Hoffnungen und Wünsche für das kommende Jahr verkörpern. Wenn Sie sich zum Beispiel mehr Frieden wünschen, dann überlegen Sie einen Moment, was für Sie Friede symbolisiert. Vielleicht vermitteln Ihnen ein lilafarbener Amethyst, eine mit Quellwasser gefüllte schöne Glasschale und die

Nach einer Venedigreise wurde dieser Altar mit Souvenirs und Erinnerungen an den Urlaub errichtet.

Statue eines meditierenden Buddhas, alles auf einem wunderschönen kobaltblauen Altartuch plaziert, das Gefühl von heiterer Gelassenheit.

Das friedvolle Gefühl, das dieser Altar ausstrahlt, wird Ihnen helfen, im kommenden Jahr zu größerem Frieden zu finden.

Ein Geburtstagsaltar voller Symbole für die Hoffnungen, die mit dem kommenden Jahr verbunden sind: ein Schmetterling für Freude, Puppen für Kreativität und Fotos für die Liebe.

Der Schutzaltar

Altäre können helfen, Ihr Heim mit schützender Energie zu umgeben. Statten Sie Ihren Schutzaltar mit Gegenständen aus, die Ihnen persönlich das Gefühl von Sicherheit und Behütetsein vermitteln. Das kann für den einen Menschen eine Statue des Erzengels Michael mit hocherhobenem Schwert sein, für den anderen eine Engelstatue oder der eingerahmte Text des Vaterunsers, für wieder einen anderen das aus einem Hexagramm bestehende Siegel Salomos oder ein Heiligenbild. Um wirklich schützende Energie zu erzeugen, müssen Sie bei der Schaffung des Altars auch die Zeremonie und das Ritual einsetzen und ihn zudem periodisch erneuern, indem Sie ihn mit Hilfe von Gebeten, Mantras oder Meditation mit Energie aufladen. (Siehe Seiten 129 ff.)

Ein Engel auf einem Schutzaltar hilft, Schutzenergie für Ihr Heim zu erzeugen.

Gedenk- und Ahnenaltäre

In vielen Kulturen wird den Ahnen und verstorbenen Familienmitgliedern ein Schrein, Altar oder bestimmter Bereich im Haus reserviert, wo sich Andenken oder Abbildungen dieser Vorfahren befinden und täglich Speisen als Opfergaben dargebracht, Räucherwerk entzündet und frische Blumen aufgestellt werden. Viele Menschen glauben, daß sie durch diese regelmäßige Ehrung die Hilfe ihrer Vorfahren erlangen und daß gesunde Kinder, Reichtum und persönliche Sicherheit davon abhängen, daß sie ihren Ahnen zeitgerecht angemessene Geschenke darbringen. Einen solchen Altar nennt man einen Ahnenaltar.

Ahnen in heutiger Zeit

Wenn Sie einen Ahnenaltar errichten möchten, heißt das nicht unbedingt, daß Sie dem Ahnenkult anhängen. Sie räumen damit vielmehr Ihren Vorfahren einen Ehrenplatz in Ihrem Leben ein. Wir können unsere Vorfahren und verstorbenen Familienmitglieder als eine lange kontinuierliche Reihe von Menschen ansehen, die dieselben Kämpfe zu bestehen hatten wie wir.

Die Erfolge und Niederlagen derer, die vor uns kamen, halfen, die Realität unseres eigenen Lebens zu formen, so wie sich auch unsere Handlungen auf die nachfolgenden Generationen auswirken. Wenn wir an einem bestimmten Ort in unserem Heim Andenken an unsere Vorfahren aufbewahren, ehren wir ihre kontinuierliche Präsenz und ihren Beitrag zu unserem Leben und werden daran erinnert, daß das Leben nicht mit unserem Tod endet. Durch Zeremonien und Rituale in Verbindung mit dem Ahnenaltar können wir ein sichtbares Symbol für eine unsichtbare Realität schaffen, die unseren Anteil an einer geeinten Menschheitsfamilie ausmacht.

Wenn wir den vergangenen und künftigen Generationen an einem Altar Ehre erweisen, erinnert das uns daran, daß das Leben ewig währt.

Ein Ahnenaltar ist ganz besonders wertvoll, wenn es ein seit Generationen überkommenes Familienthema des Zwists, des Aufruhrs oder auch des gestörten Benehmens gibt. Er kann helfen, das Beschädigte wieder heil zu machen, eine Aussöhnung gestörter Beziehungen herbeizuführen. Wenn Sie Familienmitgliedern ambivalente Gefühle entgegenbringen, könnten Sie sich diesem Problem zuwenden und es lösen, indem Sie diese Personen in Ihren Hausaltar integrieren. Kinderfotos von Personen, mit denen Sie gegenwärtig Schwierigkeiten haben, zeigen sie zu einer Zeit, als sie noch lie-

Federn, ein Medizinbeutel, eine Rassel und Fotos bilden die Schlüsselelemente des Ahnenaltars.

benswert waren, und erleichtern es Ihnen möglicherweise, wieder eine Beziehung zu ihnen herzustellen.

Wenn Sie sich der Kultur, in der Sie aufwuchsen, entfremdet fühlen, möchten Sie vielleicht einen kleinen Teil davon finden, der Ihnen lieb war, und diesen auf Ihrem Ahnenaltar zur Darstellung bringen. Wenn Sie in Gegenwart dieser Symbole meditieren und beten, kann aus diesem kleinen Samenkorn die Heilung alter Probleme erwachsen. Mit unserer Herkunft und Vorgeschichte zurechtzukommen ist wesentlicher Bestandteil des persönlichen Heilungsprozesses, und ein Hausaltar kann dabei als entscheidender Katalysator wirken.

Der Gedenkaltar

Ein Gedenkaltar ähnelt dem Ahnenaltar, ist aber nicht unbedingt unseren Vorfahren gewidmet. Er kann auch zur Erinnerung an verstorbene Freunde oder einer uns wichtigen Person errichtet werden. Als Prinzessin Diana starb, entzündeten beispielsweise viele Menschen eine Kerze vor ihrem Foto, um ihr Andenken zu ehren.

Ein Gedenkaltar kann auch Familienmitgliedern gewidmet sein, die erst noch geboren werden müssen – unseren Nachkommen. Er kann mit Gegenständen geschmückt sein, die diejenigen Eigenschaften symbolisieren, die wir an sie weitergeben möchten. Er kann uns liebevoll an das emotionale und physische Erbe gemahnen, das wir unseren Kindern und deren Kindern und Kindeskindern hinterlassen.

Die Errichtung eines Gedenk- oder Ahnenaltars

Ein solcher Altar kann ganz einfach aus einer Ansammlung von Fotos bestehen oder auch ein Alkoven mit spezieller Beleuchtung sein. Sie können Ihren Vorfahren einen Bereich auf Ihrem allgemeinen Hausaltar einräumen oder jenen, deren Sie gedenken wollen, einen eigenen Altar errichten. Neben Lieblingsfotos von Ihren Vorfahren und Freunden können Sie Gegenstände aufstellen, die für Sie deren erinnerungswürdige Eigenschaften symbolisieren. Zum Beispiel eine schöne Muschel, die Sie bei einem Besuch im Strandhäuschen Ihrer Großmutter fanden und die Sie an deren Liebe und Zuwendung erinnert. Ein solcher Altar kann auch als Sammlungsort für Assoziationen, Erinnerungen und Symbole aus der Vergangenheit dienen, um sie in Ihr gegenwärtiges Leben zu integrieren.

Der Gedenkaltar einer jüdischen Familie ehrt religiöse Traditionen und verstorbene Familienmitglieder.

שבת
שלום
כוס אליהו
Elijah Cup

Allerheiligen / Allerseelen

In den Spanisch sprechenden Ländern wird der Gedenkaltar vor allem an Allerseelen genutzt, einem der wichtigsten religiösen Feiertage des Jahres. In Mexiko, wo es als Ehre und Pflicht betrachtet wird, der verstorbenen Familienmitglieder und Freunde zu gedenken, kann diese Tradition bis zu den Azteken zurückverfolgt werden. Diese glaubten, daß der Tod nicht das Ende, sondern der Beginn einer neuen und ewigen Existenz ist, daher erwiesen sie mit der Ehrung der Toten dem Lebenszyklus Achtung und Respekt. Heutzutage wird Allerseelen in einer Mischung von präkolumbianischen und römisch-katholischen Glaubensvorstellungen am 1. November gefeiert, auf den auch Allerheiligen fällt. An diesem Tag wird der Hausaltar mit Kerzen, Zuckerstangen und Ringelblumengirlanden geschmückt. Ein Blütenteppich führt zum Altar, auf dem sich besondere Speisen befinden und Erinnerungsfotos von den Verstorbenen meist neben Bildern von Jesus, Heiligen oder Engeln aufgestellt werden.
Sie können Gegenstände einbeziehen, die schon lange im Familienbesitz sind, wie beispielsweise einen seit Generationen vererbten Taufbecher. Möglich ist auch etwas, das für Sie persönlich Ihre Vorfahren symbolisiert, zum Beispiel ein Stück Treibholz, wenn Ihre Leute am Meer lebten.
Ihr Ahnenaltar kann zur Ehrung der Vergangenheit, dem Feiern der Gegenwart und der Vision der Zukunft beitragen und eine machtvolle Metapher für die Würdigung und Integrierung Ihrer persönlichen Vergangenheit schaffen. Wenn Sie der Erinnerung an verstorbene Familienmitglieder an Ihrem heiligen Ort Raum geben, bewahren Sie das Vertrauen, das unsere Vorfahren in uns setzten, und dieses geben wir wiederum an unsere Kinder und andere Menschen, die wir lieben, weiter. Das ist eine uralte Tradition, die es verdient, wiederbelebt zu werden.

Ein Allerseelen-Altar erinnert an verstorbene Familienmitglieder und Freunde.

Der Altar für das innere Kind

Die Errichtung eines solchen Altars kann eine wunderbare Erfahrung werden und helfen, Wunden aus der Kindheit zu heilen. Die Schmerzen dieser Vergangenheit lauern oft im Herzen und beeinflussen manchmal Beziehungen und wichtige Lebenserfahrungen auf negative Weise. Mit dem Altar für das innere Kind können Sie eine machtvolle Metapher für die Heilung des verwundeten Kindes schaffen.

Versetzen Sie sich in einen entspannten Zustand, und stellen Sie sich selbst als lachendes und vom Leben begeistertes Kind vor. Achten Sie darauf, wer und was sich in Ihrem Umfeld befindet. Suchen Sie, wenn Sie Ihre Kontemplation beendet haben, nach Gegenständen für Ihren Altar für das innere Kind, die diese in der Meditation erlebten wunderbaren Erfahrungen verkörpern. Sie könnten ihn mit einem Schälchen Seifenlauge für Seifenblasen, einer gelben Gummiente, einer alten geliebten Puppe und einer kindlichen Zeichnung, auf der Sie sich glücklich aussehend darstellen, ausstatten. Nehmen Sie Dinge, die für einfachere und unschuldigere Zeiten stehen. Ein solcher Altar kann eine Atmosphäre der Freude, Spontaneität und Ausgelassenheit in Ihr Heim bringen und helfen, die Heilung von einer schwierigen Kindheit einzuleiten.

Ein dem inneren Kind gewidmeter Altar mit Spielzeug und Blumen für die Freude und das Vergnügen.

Der Gartenaltar

Ein Garten kann Ihnen als Refugium dienen, um den Aktivitäten des Alltagslebens zu entfliehen, als Ort, wo Sie Ihre Gedanken sammeln und Ihr Leben wieder neu ordnen können. Ein Gartenaltar kann als Sammel- und Konzentrationspunkt für die nährende Energie des Gartens fungieren und Ihnen zudem helfen, sich in einem geradezu heiligen Akt wieder auf Ihre Wurzeln zu besinnen, die sie mit dem Land, den Steinen, den Bäumen, dem Himmel und den Wolken verbinden. Sie können so in früheste Zeiten zurückgetragen werden, als unsere Vorfahren an Altären unter freiem Himmel die mystischen Zyklen der Natur beschworen und feierten.

Ein Gartenaltar kann Pflanzen und Landschaftszüge einbeziehen, sollte aber idealerweise einen festen Bezugspunkt aufweisen, einen Baumstumpf zum Beispiel, einen Aussichtspunkt oder eine Gartenlaube. Er sollte stets einen Mittelpunkt besitzen, durch den heilige Energie in den Garten einfließt. Und es ist sinnvoll, einen Ort zu haben, etwa eine sorgfältig plazierte Bank, von dem aus Sie Ihren Schrein betrachten können. Die besten Gartenaltäre vermitteln ein Gefühl von Intimität, Schutz und Ruhe.

Gartenaltar für die Kontemplation

Ein der Kontemplation gewidmeter Gartenaltar spendet eine Atmosphäre des Friedens und der Besinnlichkeit. In der Schönheit des Gartens wird er zum Brennpunkt, an dem Mensch und Natur zur Einheit finden. Wenn wir uns auf einen solchen Altar konzentrieren, gelangen wir häufig an einen Punkt, an dem die äußere Form des Gartens und Altars transzendiert wird und wir in einen tiefen Zustand des Friedens und der Bewußtheit eintreten. Oftmals erleben wir danach ein Gefühl von Erneuerung und eine Freude, die alle anderen Lebensaspekte durchdringt. Einen solchen Schrein oder Altar könnte eine Statue von Buddha oder des heiligen Franziskus inmitten von besänftigenden weichen blauen, grünen und weißen Farben schmücken. Vielleicht möchten Sie daneben auch etwas Lavendel anpflanzen, dessen Duft entspannt.

Ein heiliger Schrein im Garten verbindet uns mit unseren Wurzeln und dient als Ort friedvoller Kontemplation.

Wasser wirkt allgemein beruhigend – sei es in Form eines strudelnden Wildbachs, eines stillen Bergteichs oder des Klangs und Geruchs eines sommerlichen Gewitterregens –, Ihr Altar wäre daher der geeignete Ort, um einen kleinen Springbrunnen oder Gartenteich anzulegen. Selbst ein kleiner Tontopf, der Regenwasser auffängt, kann Sie an das spirituell belebende und doch entspannende Element des Wassers erinnern.

Eine Variante des der Kontemplation gewidmeten Altars ist der Zen-Garten. Er kommt ursprünglich aus dem Shintoismus und besteht aus einem sorgfältig gepflegten und beharkten Kiesbereich, in dem sich ein paar strategisch plazierte Gesteins- oder Felsbrocken befinden. Diese sind von hoher symbolischer Bedeutung und bringen die tiefsten Mysterien des Universums zum Ausdruck. Allein die stille Betrachtung der Einfachheit und Anmut des Zen-Gartens läßt uns in einen tiefen Zustand inneren Friedens eintreten.

Sie können in Anlehnung daran einen ähnlichen Schrein anlegen. Zen-Gärten weisen üblicherweise eine ungerade Zahl von Gesteinsbrocken auf, meist in Dreier-Gruppen, die den Himmel, die Erde und den Menschen repräsentieren.

Mystischer Gartenaltar

Dieser Altar kann die Tür zu anderen Sphären öffnen, den Betrachter von einem Bewußtseinszustand in einen anderen führen. Er sollte ein Gefühl von Abgeschiedenheit und Rätselhaftigkeit vermitteln. Sie könnten hier Bergkristalle in die Erde stecken, deren Facetten die Sonne reflektieren, oder eine in dunkelgrünem Blattwerk versteckte Statue von Merlin oder einem Engel aufstellen. Sie könnten geschliffene Kristalle in die Zweige hängen, die das Licht in allen Regenbogenfarben spiegeln, oder einen einfachen Wasserfall oder stillen Teich anlegen. Pflanzen Sie zum Beispiel Blumen, deren Farben von Lavendelblau über Purpur bis Violett reichen, und nehmen Sie für den Hintergrund Pflanzen mit silbrigen Blättern. An diesem Ort können Sie Ihre Gedanken zur Ruhe bringen und in die inneren Reiche des Wunderbaren und Rätselhaften eintreten.

Sie können Ihren dem Mystischen gewidmeten Gartenaltar auch aus Steinen errichten. Die frühesten Altäre bestanden entweder aus einem einzigen großen Stein oder aus einer Ansammlung von Steinen und markierten einen heiligen Ort, den man oft für einen Kreuzungspunkt zwischen den sichtbaren und unsichtbaren Reichen hielt. Reisende und Pilger legten dort Opfergaben nieder. Heute kann ein Steinaltar in Ihrem Garten die Erinnerung an die Kraft dieser uralten Schreine wiederbeleben und Sie für die tiefen Mysterien der Erde öffnen.

Gartenaltar des Weiblich-Göttlichen

Wenn Sie in Ihrem Garten einen dem Weiblich-Göttlichen gewidmeten heiligen Ort schaffen, können Sie heilige Energie in das ganze Umfeld einbringen. Die Statue einer afrikanischen Göttin, der Jungfrau Maria oder der Venus könnte als Konzentrationspunkt dienen, wo Sie die empfänglichen weiblichen

Der Zen-Garten im Freien ist ein Schrein der Ruhe und heiteren Gelassenheit.

Energien der Mutter Erde aufrufen und die schöpferischen Energien des Universums ehren. Zart duftende Blumen steigern noch die Schönheit dieses Ortes.
Ein Altar zu Ehren der Erdgöttin ist von anderer Beschaffenheit, denn ihn müssen Sie aus der Erde selbst gestalten. Überall auf der Welt wurden in den alten Stammeskulturen Altäre aus Erdhügeln unter freiem Himmel errichtet, die eine ganze Reihe von Funktionen erfüllten, vor allem aber ein Symbol der Erdgöttin waren.
Ein solcher Altar kann in Aussehen, Form und Größe variieren, muß aber, um Kraft zu haben, auf geheiligte Weise errichtet werden. Stecken Sie Ihre Hände in die Erde, fühlen Sie ihre Beschaffenheit, riechen Sie ihren würzigen Geruch, verbinden Sie sich mit den tiefen Urrhythmen der Erde. Sie können den Hügel so belassen oder Samenkörner einsäen – in jedem Fall beherbergt diese Art von Altar die Essenz ursprünglicher weiblicher Weisheit.

Altar des wilden Gartens

Dieser Altar kann eine Reihe von Funktionen erfüllen. Er kann helfen, Ihre wilde ungestüme Seite zum Vorschein zu bringen, und ein Ort sein, der den Wildwuchs, Tiere, Elfen und die Elementargeister in Ihren Garten einlädt. Dieser Altar sollte nicht allzu sorgsam kultiviert und gepflegt werden, da er ein Eigenleben entwickeln muß. Lassen Sie Pflanzen wachsen, die Vögel und Schmetterlinge anziehen. Hängen Sie Vogelhäuschen auf, streuen Sie Nahrung für die Eichhörnchen und Wildblumensamen auf die Erde aus, tun Sie alles zur Ermunterung des natürlichen Lebens und der Lebenskraft. Als Mittelpunkt könnten Sie die Statue einer Elfe, eines Gnoms oder eines Zwergs wählen, einen großen Stein oder die Skulptur eines wilden Tiers, beispielsweise eines Bären oder Hirschs.
Auch Bäume oder Büsche können hier als Konzentrationspunkt dienen. In früheren Zeiten hatten Bäume die Funktion von Altären, weil sie als Verbindungsglied zwischen Himmel und Erde galten. Man dachte, daß jeder Baum einen Schutzgeist beherbergte, der seiner Umgebung Kraft verlieh. Wenn Sie einen Baum oder Busch als Altar benutzen, können Sie Gebetsfahnen, Windspiele, Ornamente oder Federn in seine Zweige hängen oder die Schönheit und Stärke der Pflanze für sich selbst sprechen lassen. Vor Ihrem Altar des wilden Gartens zu sitzen fördert die Kreativität und vertieft Ihre Verbundenheit mit der Natur und allen natürlichen Dingen.

Eine Kuan-Yin-Statue im Garten schafft einen Kristallisationspunkt, der die weiblich-göttliche Energie in den Garten ruft.

Altäre fern von zu Hause

Ihre Altäre brauchen nicht auf Ihr Heim und Ihren Garten beschränkt zu sein – Sie können Sie errichten, wo immer Sie sind. Ob es sich nun um einen kleinen tragbaren Reisealtar oder einen spontan errichteten Schrein handelt, jeder persönliche Schrein erinnert Sie an die in unserem Leben wirksamen höheren spirituellen Prinzipien.

Altar am Arbeitsplatz

Ein Altar am Arbeitsplatz umgibt Sie mit einem positiven Energiefeld. Viele Menschen arbeiten an Orten ohne frische Luft und Sonnenlicht, und unter diesen Umständen ist es für das Wohlbefinden Ihrer Seele wichtig, daß Sie dort inmitten der Hektik einen geheiligten Bereich haben.

Allerdings hat man in vielen Büros und Arbeitsstätten für Altäre nicht allzuviel übrig, weshalb hier ein weniger augenfälliger Altar empfehlenswert sein kann. Ein paar Fotos von geliebten Menschen, ein kleines eingerahmtes Zitat, eine Vase mit frischen Blumen, eine gesunde Pflanze oder auch nur eine schöne reife Frucht an einem bestimmten Platz auf Ihrem Schreibtisch oder an Ihrem Arbeitsplatz, all das kann bereits einen schönen geheiligten Bereich schaffen, der Sie und Ihr Umfeld in eine besondere Energie einhüllt. Vielleicht nimmt niemand Ihren Altar bewußt wahr, aber die Menschen werden die Sie umgebende harmonische Energie spüren.

Spontan errichteter Altar

Manchmal bringen spontan errichtete Altäre ein Gefühl von kosmischer Ordnung und Harmonie in unser Umfeld. Einmal verbrachte ich mit ein paar Freundinnen einen Urlaub am Meer und fand dort einen wunderschönen, vom Meer geformten, großen Stein. Ich legte ihn in den Sand und zog einen Kreis um ihn. Eine Freundin kam mit einer Armladung voller Muscheln und ordnete sie zu einem Muster vor dem Stein. Eine andere Freundin sammelte etwas Treibholz, das sie hinter dem Stein drapierte. Alles das geschah ganz natürlich und spontan. Dann saßen wir schweigend davor. Es schien, als würde die Energie von Sonne, Himmel und Meer durch unseren spontan errichteten Altar intensiviert und tief in unseren Herzen gespeichert – eine unvergeßliche Erfahrung.

Eine Figur der weißen Tara, der mütterlichen tibetischen Göttin, und Blumen und Kristalle bilden einen Altar auf einem Schreibtisch.

DIE *Umsetzung*

Die Schaffung

Die Schaffung eines Altars ist eine heilige Handlung. Den Geist leer zu machen und sich für eine größere Energie, als Sie es sind, zu öffnen, während Sie Ihre Altargegenstände zusammenstellen, beinhaltet einen Akt der Kraft und Gnade. Für einige zeitlose Momente tauchen Sie ein in eine Dimension jenseits der gewöhnlichen Realität, in der sich Licht, Laute und Energie zu einem außerordentlichen Seinszustand vermischen.

Die Schaffung eines Altars ist aus verschiedenen Gründen ein überaus erfüllendes Unternehmen. Das Versammeln der Altargegenstände bringt spirituelle Energie in Ihr Zuhause, aber auch der zuvor stattfindende Entscheidungsprozeß verleiht Ihnen Stärke. Die Tatsache, daß Sie sich Zeit für die sorgfältige Auswahl dieser Gegenstände nehmen, bietet Ihnen die einzigartige Gelegenheit, Ihre inneren Werte zu überprüfen und herauszufinden, was Ihnen wichtig ist. Jeder Altargegenstand steht für eine andere Qualität oder einen anderen Aspekt Ihres Lebens, und die bedachte Auswahl läßt Sie allmählich Klarheit darüber gewinnen, was für Sie wirklich von Bedeutung ist.

Der Prozeß vom dem Moment der Entscheidung an, einen Altar zu errichten, bis hin zu seiner Vollendung ist ein heiliges Geschehen. Und obschon es verschiedene Arten von persönlichen Schreinen mit unterschiedlichen Funktionen gibt, läßt sich ihre Schaffung allgemein in vier Phasen unterteilen: Vorbereitung, Reinigung, Anrufung und Bewahrung. Die Zeit und Sorgfalt, die Sie auf jeden dieser Schritte verwenden, vertieft den Wert Ihres Altars über die Jahre hinweg.

Vorbereitung

Der erste vorbereitende Schritt besteht darin, daß Sie sich über den Zweck Ihres Altars klarwerden. Das liefert die Grundlage für alle weiteren Schritte. Wenn Sie sich über Gründe und Zweck klargeworden sind, müssen Sie einige Entscheidungen treffen wie zum Beispiel, wo Sie den Altar errichten wollen, wie groß er sein soll und welche Objekte auf ihm stehen sollen.

Absicht

Der wichtigste Schritt bei der Schaffung eines Altars ist die Festsetzung der Absicht. Was ist sein Hauptzweck? Die Antwort darauf beeinflußt und bestimmt alle weiteren Entscheidungen in bezug auf Aufbau und Struktur, ja das ganze Endresultat. Es ist also sehr wichtig, daß Sie sich für diese Anfangsphase genügend Zeit nehmen und Klarheit gewinnen. Wenn Ihr Altar zum Beispiel mehr Frieden in Ihr

Leben bringen soll, sich aber auf ihm ein Gegenstand befindet, der Sie traurig macht, wird dieses Element Ihrem Ziel nicht förderlich sein. Wollen Sie jedoch mit altem Kummer aus Ihrer Vergangenheit aufräumen, kann derselbe Altargegenstand Ihnen helfen, alte Probleme an die Oberfläche zu bringen, wo sie bewußt verarbeitet und verabschiedet werden können.

Die Schaffung eines Altars ist ein Akt der Kraft und Gnade.

Zur leichteren Abklärung Ihrer Ziele können Sie sich vorstellen, Sie säßen bereits vor dem fertiggestellten Altar. Was hoffen Sie durch ihn zu erreichen? Welche Aspekte Ihres Lebens soll er repräsentieren? Möchten Sie in erster Linie einen ruhigen Ort, wo Sie Ihre Gedanken zentrieren und zu tieferer innerer Ruhe gelangen können, oder wollen Sie einen Platz für Fotos von Familienmitgliedern, der ein Verbundenheitsgefühl mit Ihrer verzweigten Familie herstellt? Vielleicht ersehnen Sie sich einige Qualitäten wie zum Beispiel mehr Liebe in Ihrem Leben? Die folgende Aufzählung der möglichen Funktionen eines Altars wird Ihnen bei der Abklärung Ihres Ziels helfen. Und selbst wenn Sie Ihre Bedürfnisse darin nicht exakt wiederfinden, werden die Vorschläge Sie doch auf die richtige Spur bringen.

Ein Altar kann Ihnen helfen

- mit dem Göttlichen zu kommunizieren
- familiäre Beziehungen zu heilen
- Ihr Leben der Liebe zu öffnen
- den Geist der Natur in Ihr Heim zu bringen
- vitale Gesundheit zu erlangen
- die Übergänge in Ihrem Leben zu ehren
- Reichtum und Fülle zu schaffen
- das kreative Potential zu erschließen
- Ihre Vorfahren und Familienbande zu ehren
- sich selbst zu feiern
- der Erfolge und Verluste in Ihrem Leben zu gedenken
- kulturelle, ethnische und/oder religiöse Traditionen zu feiern
- den Jahreszyklus und die eigenen inneren Zyklen zu feiern
- geliebter verstorbener Personen zu gedenken
- die verschiedenen Aspekte Ihrer selbst zu integrieren

Es hilft bei der Abklärung Ihrer Ziele und Gründe, wenn Sie sich vorstellen, welche langfristigen Resultate Sie mit Hilfe Ihres Altars erzielen wollen. Soll er beispielsweise der Heilung gewidmet sein, dann wünschen Sie sich möglicherweise als spezielles Ergebnis, daß alle Ihre Hausbewohner gesund und stark sind. Jemand anderer erhofft sich von einem Heilaltar möglicherweise, seinen Beruf als Homöopath effektiver ausüben zu können. Und ein Dritter will sich vielleicht mit Hilfe des Schreins auf die Heilung einer speziellen Krankheit konzentrieren.

Ein Altar braucht nicht unbedingt nur einem Zweck zu dienen. Er kann viele verschiedene Funktionen erfüllen, und die kraftvollsten Schreine verändern sich mit der Zeit oft gemäß der wechselnden Bedürfnisse und Interessen. Vielzweck-Altäre finden sich wahrscheinlich sehr viel häufiger als ein nur einem Zweck gewidmeter Altar, weil sie der Vereinigung vieler Ebenen der Komplexität des Lebens förderlich sind. Sie können die reiche Vielfalt des Lebens zur Darstellung bringen und Ihnen helfen, im Lauf der Zeit viele komplizierte Probleme zu lösen. Altäre, die nur einem Zweck gewidmet sind, können hingegen besonders machtvoll sein, denn die ganze Energie wird auf nur einen Lebensbereich konzentriert.

Nicht alle Altäre werden für meditative Zwecke genutzt; doch wenn Ihr Altar als Konzentrationspunkt für kontemplative Praktiken dient, sollten Sie wissen, daß eine direkte Verbindung zwischen Ihrer Absicht und den durch Ihre Praktiken bewirkten Resultaten besteht. Ein Altar kann die durch Ihre Meditationen erzeugte Energie steigern und projizieren, und je mehr Sorgfalt Sie auf seine Schaffung verwenden, desto stärker und umfassender werden die Auswirkungen sein.

Die Plazierung eines Hausaltars

Wenn Sie sich über Ihre Absicht klargeworden sind, sind Sie bereit zu entscheiden, wo in Ihrem Zuhause Sie den Altar errichten wollen. Jeder Bereich einer Wohnung oder eines Hauses weist eine andere Energie auf, und jeder Raum beeinflußt die Ausstrahlung Ihres Altars auf ganz bestimmte Weise. Lassen Sie sich Zeit für Ihre Entscheidung, denn Sie wird sich auf das Gesamtresultat auswirken.

»Das Herz des Zuhauses«

Ein exzellenter Ort für Ihren Altar ist das Herz Ihres Zuhauses. Mir gefällt der Gedanke, daß jedes Heim ein Herz hat. Das ist stets der Bereich, der sich energetisch am vitalsten anfühlt. Manchmal kann er mit dem geographisch zentralen Ort des Hauses korrespondieren, doch das ist nicht immer der Fall.

Ich kannte einmal eine Familie, die in einem wunderschönen Farmhaus wohnte, das eine riesige Küche hatte. In ihr stand ein hübscher alter Eichentisch, an dem sich die Familienmitglieder zu versammeln pflegten, um über die Ereignisse des Tages zu sprechen, während die Mahlzeiten zubereitet und verzehrt wurden. Hätte man sie gefragt, wo sich das Herz ihres Zuhauses befände, hätten sie alle die Küche genannt, obwohl sie sich im rückwärtigen Teil des Hauses befand. Für sie war dieser Raum der

natürliche Ort, um einen warmen erdverbundenen Altar zur Feier der familiären Verständigung und Liebe zu errichten, weil er das wahre Herz ihres Zuhauses war.
In manchen Wohnstätten scheint kein Raum zu dominieren oder von größerer Bedeutung zu sein als die anderen. In diesem Fall könnten Sie sich dazu entscheiden, Ihren Altar im geographisch zentralen Bereich der Wohnung zu errichten. Auch dieser kann ihr Herz repräsentieren.

Die vier Himmelsrichtungen

Eine andere Möglichkeit für die Wahl des besten Ortes für Ihren Schrein ist die Orientierung nach den vier Himmelsrichtungen: Osten, Süden, Westen und Norden. Alte mystische Traditionen ehrten diese vier Richtungen, die, so glaubte man, jeweils ihre ganz eigene Energie aufwiesen, und plazierten den Altar entsprechend. Auch heute gibt es noch diesen Brauch, so findet man etwa in der katholischen Kirche den Altar immer an der östlichsten Wand: Die Gemeinde und der Priester blicken nach Osten, da sich dem Glauben nach dort die Auferstehung ereignete. Auch in vielen Stammeskulturen werden Zeremonien mit dem Blick nach Osten durchgeführt, weil das die Richtung der aufgehenden Sonne ist – der Ort, wo der neue Tag anbricht.
Der Osten wird wegen der Assoziierung mit dem Sonnenaufgang allgemein als Ort der Neuanfänge betrachtet und ist gewöhnlich ein guter Bereich oder Raum in Ihrem Heim für die Errichtung eines Altars. Doch besitzt jede Richtung ihre Stärken und Schönheit. Der Süden ist der Bereich der Ausdehnung und des Wachstums, weil er mit der Mittagssonne in Verbindung steht. Der Westen ist der Ort für Transformation, Veränderung und der untergehenden Sonne. Der Norden ist die Sphäre der tiefsten inneren Dimensionen, weil dort die dunkelste Nacht zu Hause ist. (In der südlichen Hemisphäre kehren sich die Bedeutungen von Norden und Süden um.) Wenn Sie Ihren Altar in einer bestimmten Himmelsrichtung aufstellen, bestärkt das die mit ihr verbundenen Qualitäten in Ihrem Leben. Die Ausrichtung Ihres Schreins nach den kardinalen Richtungen ist eine altehrwürdige Tradition und verbindet Ihren inneren heiligen Raum mit den natürlichen Kräften der äußeren Welt. (Vergleichen Sie dazu den Abschnitt über den Medizinrad-Altar 58 und die Symbolik der vier Himmelsrichtungen.)

Die Wahl des Raums

Jeder Raum in Ihrem Heim verfügt über eine eigene Energie, fühlt sich anders an und beeinflußt somit auch Ihren Altar. Ein Schlafzimmer ist zum Beispiel ein guter Ort für einen der romantischen Liebe gewidmeten Schrein. Eine frisch verheiratete Frau beispielsweise wollte die Beziehung mit ihrem Mann vertiefen und errichtete auf der Frisierkommode im Schlafzimmer einen Altar. Sie stellte eine hübsche Skulptur von einem sich umarmenden Paar in seine Mitte und legte ein kleines duftendes Kräuterkissen daneben. Außerdem stellte sie noch ein fröhliches Foto von sich und ihrem Mann auf, das sie in einem Urlaub am Meer aufgenommen hatten. Dieser Liebesaltar war das erste, was die beiden jeden Morgen beim Aufwachen sahen. Er bildete ein wunderschönes und liebevolles Mandala für den ganzen Tag.
Es empfiehlt sich, zumindest einen Altar zu haben, den Sie vom Bett aus sehen können. Nicht nur ist

er dann das letzte, was Sie vor dem Einschlafen, und das erste, was Sie beim Erwachen sehen, sondern seine Energie wirkt sich auch in Ihren Nachtstunden positiv aus. Ein Altar im Schlafzimmer kann Ihre Traumzustände beeinflussen, daher ist dieses Zimmer auch ein guter Raum für einen den Träumen gewidmeten Schrein.

Das Wohnzimmer ist gut geeignet für einen Altar, der Freunde und die Familie ehrt. Der Eßraum oder die Küche bieten sich für einen Altar der Fülle an, weil Essen und Ernährung traditionell mit Wohlstand assoziiert werden. Der Bereich um den Herd oder Kamin ist ein besonders guter Ort für jede Form von Altar, da der Herd in früheren Zeiten als Herz des Zuhauses betrachtet wurde, ganz gleich, wo er stand. Dort wurden die Götter und Göttinnen geehrt, und das brennende Feuer des Herdes stand für die spirituelle Flamme aller Wesen.

Der Eingangsbereich Ihres Heims kann ein günstiger Ort für einen Altar der Segnungen sein, der Glück in Ihr Leben bringen soll. Tatsächlich ist die Schwelle des Hauses, die das Tor zwischen dem inneren und äußeren Universum symbolisiert, ein guter Platz für geheiligte Gegenstände. Der Eingangsbereich, auf den ja der erste Blick fällt, bestimmt gleichsam die Energie des ganzen Hauses, wodurch er sich für alle möglichen Arten von Altären anbietet.

Bei der Ortswahl für Ihren Altar müssen Sie auch daran denken, ob er öffentlich sichtbar sein soll. Manche Leute betrachten ihren Schrein als private und intime Angelegenheit und wollen nicht, daß Besucher ihn sehen. In diesem Fall wählen Sie einen Ort, an dem Ihre Privatsphäre gewahrt bleibt.

Die Plazierung mit Hilfe des Bagua

Sie können sich bei der Entscheidung, wo Sie Ihren Hausaltar errichten wollen, auch der alten chinesischen Kunst des Feng Shui bedienen. So wie unser physischer Körper ein Energienetz aufweist, das Meridiansystem genannt wird und das sich beispielsweise die Akupunktur zunutze macht, besitzt dieser chinesischen Philosophie zufolge auch jedes Heim ein solches Energiemuster, das jeden Bereich beeinflußt und das mit Hilfe des sogenannten Bagua-Systems erfaßt werden kann. Ähnlich den Fußreflexzonen, die uns wie auf einer Landkarte zeigen, welche Bereiche des Fußes mit welchen Körperbereichen verbunden sind, zeigt der Bagua, welche spezifische Qualität jedem Bereich Ihres Heims zugeordnet ist. Und diese Qualität wirkt sich auf die Ausstrahlung und Kraft Ihres dort errichteten Altars verstärkend aus.

Sie können diese Bagua-Bereiche leicht ausfindig machen, wenn Sie einen Grundriß von Ihrer Wohnung oder Ihrem Haus zeichnen und dann das gezeigte Bagua-System darüber legen (vgl. Seite 93). Haben Sie mehr als ein Stockwerk, erstreckt sich dieses über alle Stockwerke hinweg. Das heißt beispielsweise, daß die Ecke des Wohnbereichs, die für Beziehungen steht, in allen Stockwerken die gleiche ist. Zudem werden keine scharfen Grenzlinien zwischen den einzelnen Bagua-Bereichen gezogen, sondern nur die den verschiedenen Lebensaspekten zugeordneten Hauptbereiche aufgezeigt. Das

Ein Segensaltar nahe der Haustür bringt Glück ins Haus.

Ein nach den Prinzipien des Bagua angeordneter Hausaltar.

Bagua-Schema kann auch über jeden einzelnen Raum Ihres Zuhauses gelegt werden, wobei Sie es mit dem in das Zimmer führenden Hauptzugang in Übereinstimmung bringen. (Mit anderen Worten, der Eingang befindet sich entweder im Bereich des inneren Wissens, der Karriere oder der Helfer.)
Jedes der neun Bagua-Quadrate bezieht sich auf einen bestimmten Lebensbereich, so existiert zum Beispiel eines für Beziehungen und Ehe. (Siehe folgendes Bagua-Schema.) Wenn Sie einen Altar errichten wollen, um mehr Liebe in Ihr Leben zu bringen, wäre also nach den Prinzipien dieses alten Feng-Shui-Systems dafür der Beziehungs-Bereich in Ihrer Wohnung oder in einem Zimmer ein günstiger Ort. Dort könnten aber auch Altäre errichtet werden, die beispielsweise der Lösung von Beziehungsproblemen oder dem Feiern der Liebe zwischen Ihnen und Ihrem Partner gewidmet sind. Wollen Sie

Bagua-Schema für Ihr Haus oder Ihre Wohnung

Reichtum, Segen & Fülle	Ruhm, Selbstausdruck & Ansehen	Beziehungen & Ehe
Familie, Vorfahren & Erbe	Gesundheit	Nachkommen, Kinder & Projekte
Inneres Wissen & Selbstverwirklichung	Karriere & Lebensweg	Helfer & Engel

Bringen Sie die Eingangstür Ihrer Wohnung mit dieser Linie in Übereinstimmung

Oben ein Bagua-Schema, das Sie kopieren und über den Grundriß Ihrer Wohnung legen können, um festzustellen, welcher Wohnbereich mit welchen speziellen Qualitäten in Beziehung steht.

sich mehr Fülle und das Gefühl von Luxus in Ihrem Leben schaffen, bietet sich der mit Reichtum, Segen und Fülle assoziierte Bereich Ihres Heims für einen Altar an. Das gilt auch für einen Schrein der Dankbarkeit für all die Fülle, die Ihnen bereits zuteil geworden ist.

Der mit dem inneren Wissen und der Selbstverwirklichung verbundene Bereich ist ein hervorragender Ort für einen Altar der persönlichen Synthese und Einheit sowie für Meditationsaltäre, an denen wir um Weisheit und Kommunikation mit dem Göttlichen bitten. Für einen der Spiritualität gewidmeten Altar ist der Bereich der Engel und Helfer ideal.

Wenn Sie mehr weltlichen Erfolg haben möchten, könnten Sie einen Altar im Bereich von Ansehen und Ruhm errichten. Wenn Sie aber Ihre Karriere befördern oder zu Ihrer wahren Berufung finden wollen, bietet sich dafür der Karriere-Bereich in Ihrer Wohnung an.

Ein Altar zu Ehren der Vorfahren oder um Familienbande zu feiern ist im Bagua-Bereich von Familie, Vorfahren und Erbe gut plaziert, ein Fruchtbarkeitsaltar hingegen im Bereich von Kreativität und Kindern. Da dieser Bereich zudem mit neuen Projekten assoziiert wird, können Sie hier auch einen Schrein errichten, der Ihnen bei der Entwicklung neuer Ideen hilft oder dabei, mit der Arbeit zu beginnen, von der Sie immer träumten. Die Mitte Ihres Heims steht mit Gesundheit und Lebensenergie in Verbindung, weshalb sie ein exzellenter Ort für einen der Gesundheit gewidmeten Altar ist.

Beispiel eines Bagua-Schemas für ein Schlafzimmer

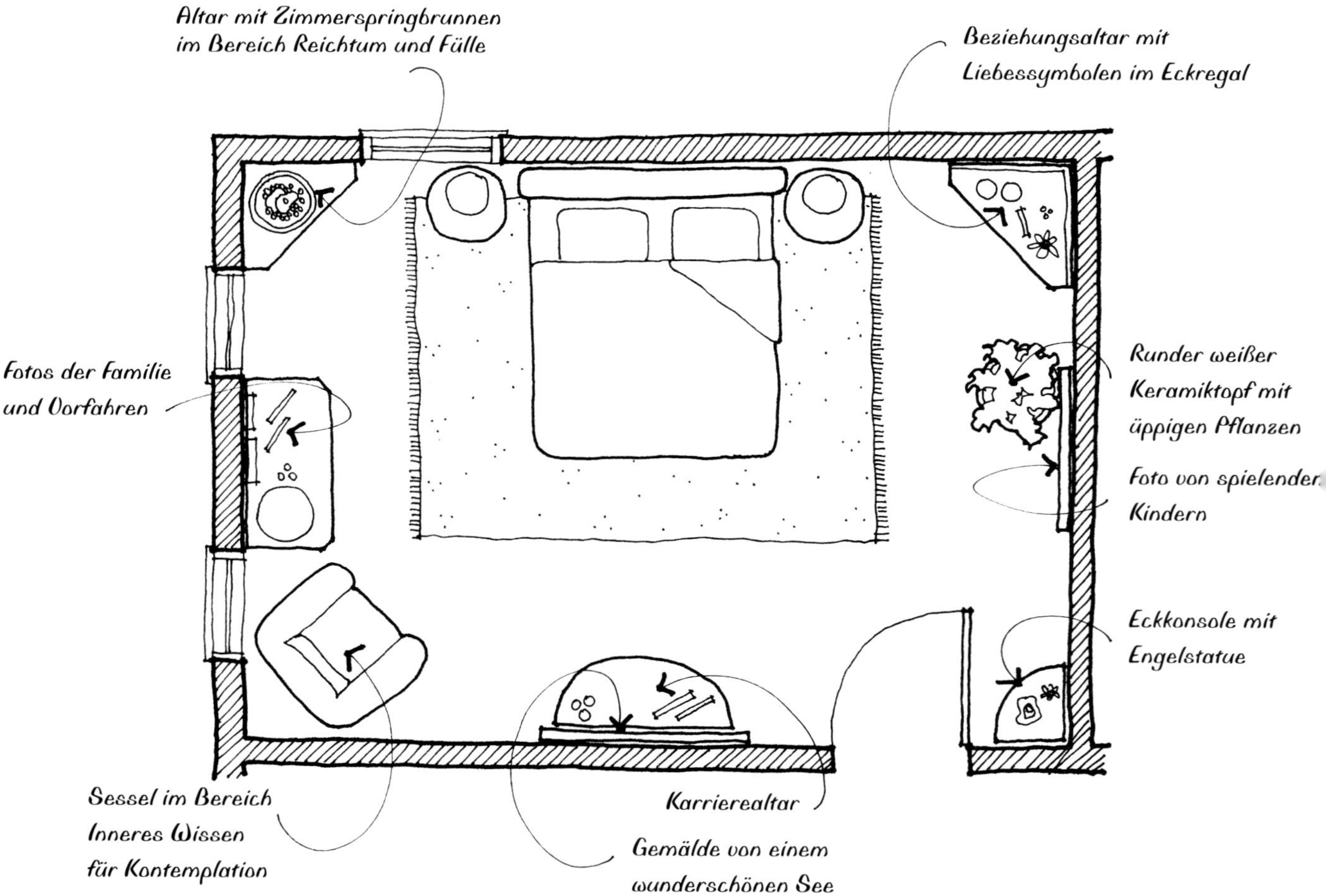

Fehlende Bereiche

	Ruhm, Selbstausdruck & Ansehen	Beziehungen & Ehe
Familie, Vorfahren & Erbe	Gesundheit	Kinder & Projekte
Inneres Wissen & Selbstverwirklichung	Karriere & Lebensweg	Helfer & Engel

Bringen Sie die Eingangstür Ihrer Wohnung mit dieser Linie in Übereinstimmung

Die meisten Wohnungen oder Häuser weisen keine perfekt quadratische, sondern eher eine rechteckige Form auf. In diesem Fall dehnen Sie das Bagua-Schema entweder vertikal oder horizontal aus, um es über den Grundriß Ihrer Wohnung zu legen.

Hat Ihre Wohnung keine perfekte quadratische oder rechteckige Form, dann weist sie einen »fehlenden Bereich« auf (siehe Bagua-Schema links), was sich der Feng-Shui-Lehre zufolge auf Ihr Leben auswirken kann. Wenn zum Beispiel der Reichtums-Bereich in Ihrem Heim fehlt, kann das finanzielle Schwierigkeiten bedeuten. Hier bieten im Feng Shui Spiegel eine Ausgleichsmöglichkeit an, weil sie die Illusion der Tiefe erzeugen und die Wand sich in den fehlenden Bereich zu erstrecken scheint. Wenn Sie es in Ihrer Wohnung mit einem solchen fehlenden Aspekt zu tun haben und einen mit seiner Thematik verbundenen Altar aufstellen wollen, errichten Sie ihn nahe des fehlenden Bereichs und hängen dahinter einen Spiegel auf. (Siehe die Zeichnung unten.)

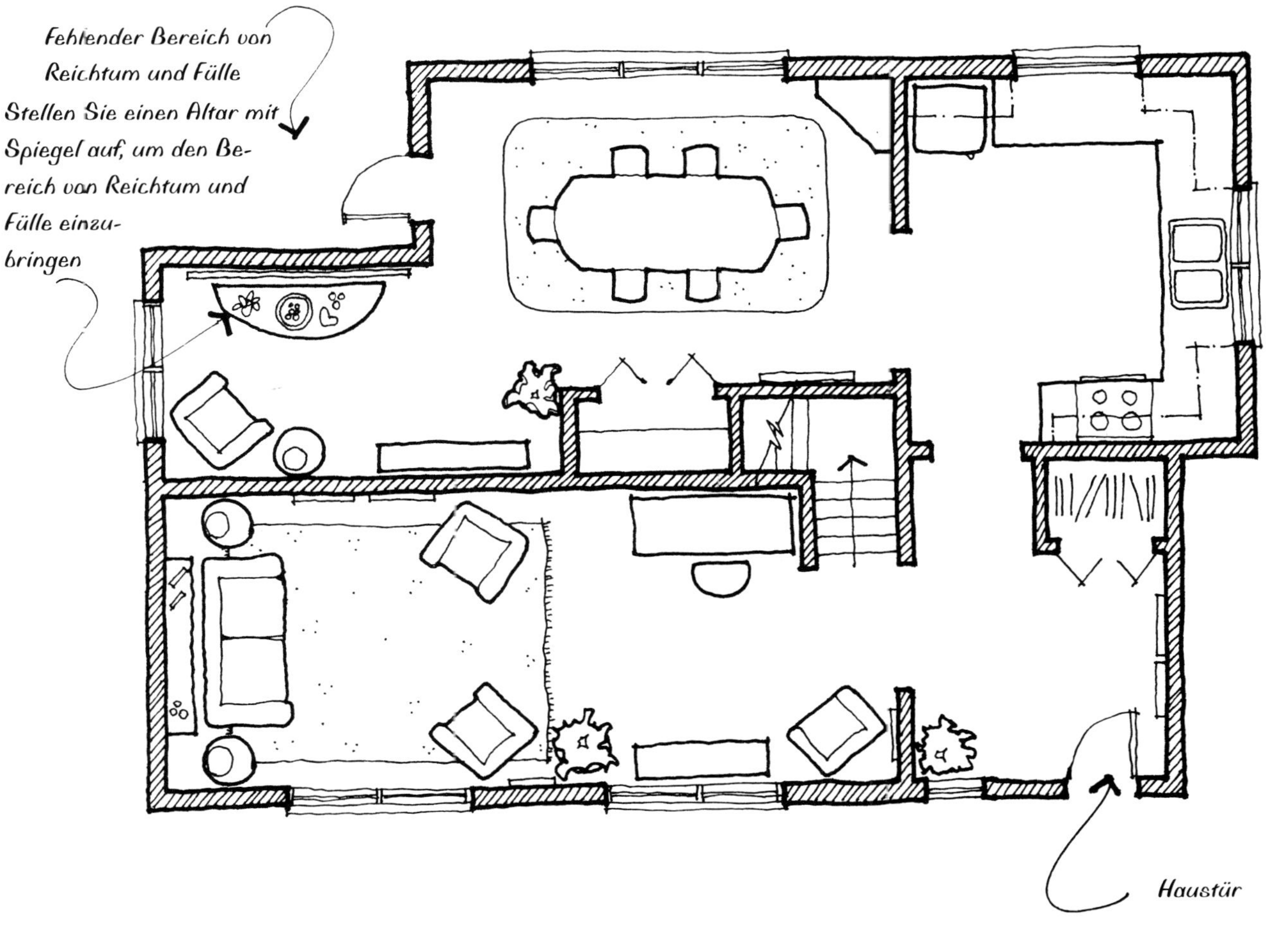

Die Größe und Struktur

Bei der Entscheidung, wo Sie Ihren Altar aufstellen möchten, können Sie Aspekte wie den verfügbaren Raum, Bequemlichkeit, die vier Himmelsrichtungen, Feng Shui und den Ort, wo Sie die meiste Zeit verbringen, in Ihre Überlegungen einbeziehen, aber letztlich ist der perfekte Ort der, den Sie mit Hilfe Ihrer Intuition auswählen – der, der sich »richtig anfühlt«.

Haben Sie sich für einen Ort entschieden, sollten Sie über Aufbau und Struktur Ihres Altars nachdenken, denn das ist wichtig für seinen Kontext. So wie ein Bilderrahmen sich stark auf die Wahrnehmung eines Gemäldes auswirken kann, beeinflussen auch Form und Struktur Ihres Altars seine gesamte Ausstrahlung. Form und Gestalt bilden sein grundlegendes Energiefundament; es ist also wichtig, daß Sie hier sehr sorgfältig durchdachte Entscheidungen treffen.

Den einen, einzig richtigen Weg für die Errichtung eines Altars gibt es nicht, und Ihre Entscheidungen werden von Ihrem Lebensstil und Ihren persönlichen Bedürfnissen beeinflußt werden. Kein Raum ist für die Schaffung eines wirkungsvollen und hübschen Altars zu klein, denken Sie also nicht, daß Sie erst in größere Räumlichkeiten umziehen müssen, bevor Sie einen aufbauen können. Was zählt, ist die klare Absicht in Verbindung mit Ihren besten Bemühungen, einen Bereich zu schaffen, der das repräsentiert, was sich in Ihrem Herzen findet. Ich habe auf winzigen Regalbrettern und kleinsten Tischchen errichtete machtvolle und wunderschöne Altäre gesehen.

Die Schaffung eines Altars ist ein heiliger Akt, und jeder Schritt wird mit Achtsamkeit ausgeführt.

Denken Sie über Ihre grundsätzlichen Bedürfnisse und häuslichen Aktivitäten nach und entscheiden Sie dann, wie und wo unter diesen Gesichtspunkten der Altar am besten Platz findet. Haben Sie kleine Kinder, brauchen Sie einen sicheren Ort, damit sie nicht an schwere Altargegenstände herankommen und sich damit verletzen können. Leben Sie allein in einer großen Wohnung, stellen Sie andere Überlegungen an als jemand, der sich wenig Wohnraum mit einem Partner oder der Familie teilt.

Höhe

Überlegen Sie bei der Planung, ob Sie einen hochgelegenen oder einen niedrigen Altar errichten wollen, ob er beispielsweise auf einem Regal oder einer Kommode oder aber auf dem Boden oder einem niedrigen Tisch stehen soll. Hochgestellte Altäre symbolisierten traditionell die Kommunikation mit den

Ein verspiegelter Schrein schafft einen Inneren Altar zu Ehren des heiligen Lichts in uns allen.

Himmelsgöttern und dem Himmel, während niedriggestellte in Beziehung mit der Erde, der Unterwelt und den unterirdischen Qualitäten standen. (1) Wenn Ihr Altar Ihnen bei der Erkundung Ihrer verborgeneren Aspekte helfen soll und Sie dem Wunsch, das unter der Oberfläche Liegende zu erforschen, sichtbar Ausdruck geben möchten, können Sie ihn dicht über dem Boden errichten und erdfarbene Gegenstände und Materialien verwenden. Wenn Sie hingegen Grenzen überschreiten und lernen wollen, wie Sie ins Land Ihrer Träume »fliegen«, könnten Sie einen Altar auf einem Fensterbrett errichten und einen hellen luftigen Schleier um ihn drapieren, der an Wolken und Himmel erinnert.

Tischaltäre

Tischaltäre lassen sich relativ leicht aufbauen. Legen Sie ganz einfach ein farbenprächtiges Seidentuch über einen Couchtisch – einen kleinen runden oder quadratischen Tisch –, und schon haben Sie die Basis für einen Altar geschaffen. Sie können aber auch die Tischplatte mit einem besonderen Muster bemalen. Auch mit einem Brett, das über zwei Stapel Backsteine gelegt wird, läßt sich ein Tischaltar herstellen. Ich habe einmal ein in blassem Lavendelblau gestrichenes Brett über zwei Stapel wunderschön lumineszierender Glasbausteine gelegt, was eine lichte und sehr hübsche Altarstruktur ergab. Tischaltäre können Sie jedoch auch auf Schreibtischen oder Computertischen errichten.

Wandaltäre

Ein Alkoven oder eine Wandnische lassen sich leicht in einen höhergestellten Altar umwandeln. Sie können sich auch ein fertiges Regalbrett besorgen und an der Wand befestigen lassen. So manche der besonders magischen Altäre sind handgefertigt, und wenn Sie selbst einen Unterbau für Ihren Altar herstellen, lassen Sie damit eine Liebe und Achtsamkeit in ihn einfließen, die für lange Zeit von ihm ausstrahlen wird.

Fest installierte Altäre

Wenn Sie Lust dazu haben, können Sie einen Teil eines Raumes abtrennen, einen ganzen Raum Ihrem Altar widmen oder sogar noch anbauen, um Ihren Hausschrein unterzubringen. Ein fest installierter Altar wird mit den Jahren an Stärke und Kraft gewinnen, die beständig ausstrahlt und Ihr ganzes Heim mit dieser Energie erfüllt.

Dieser tragbare Reisealtar enthält alle Gegenstände in einem verschließbaren Kästchen.

Reisealtäre

Auch ein Reisealtar ist eine gute Idee. Mit einem solchen Altar geben Sie einem Hotel- oder Gästezimmer Ihre persönliche Note. Verzieren Sie ein Holzkästchen oder irgendein massives Behältnis, und statten Sie es mit einer Kerze, ein paar Räucherstäbchen, Kristallen und anderen, nicht leicht zerbrechlichen Gegenständen aus. Wenn Sie an Ihrem neuen Ort ankommen, stellen Sie Ihren tragbaren Altar auf einem Regal, einer Kommode oder einem Nachtkästchen auf. Dieser Reisealtar kann Ihnen helfen, den Sinn für das Heilige zu bewahren, wo immer Sie sind.

Der Altaraufbau

Nachdem Sie sich entschieden haben, wo Sie Ihren Altar aufstellen wollen und welche Form er haben soll, sind Sie bereit für die Aufbauphase. In ihr tragen Sie Ihre Materialien zusammen, bauen auf, wählen die Altargegenstände aus und beschließen, wie Sie sie arrangieren wollen. In dieser Anfangsphase wird die Grundenergie Ihres Altars erzeugt. Die künftig von ihm ausgehende Energie hängt also von Ihrer Sorgfalt und Gründlichkeit in diesen Vorbereitungsstadien ab.
Überlegen Sie, bevor Sie mit dem Aufbau beginnen, was Sie alles tun müssen. Wollen Sie dem Altarbereich eine andere Farbe geben? Müssen Sie einen Tisch kaufen, schreinern oder ein spezielles Regalbrett besorgen? Wollen Sie einen Teil Ihres Schlafzimmers mit einem Wandschirm oder Samtvorhang abtrennen? Stellen Sie sich Ihren Altar aus verschiedenen Blickwinkeln vor, um zu erspüren, welchen Gesamteindruck er machen wird. Malen Sie sich aus, wie er auf die Menschen, die durch Ihr Zimmer gehen, wirken wird. Entscheiden Sie, welches grundsätzliche Gefühl Sie zum Ausdruck bringen wollen. Lassen Sie sich für diesen Schritt Zeit – Sie bereiten hier die Bühne und Energie für alles Folgende vor.

Altartuch

Altartücher sind in vielen Traditionen ein sehr wichtiger Bestandteil des Altars. Das Tuch ist zwar nicht unbedingt notwendig, kann aber den würdigen Rahmen für den Rest des Altars liefern und ihm eine Dimension der Tiefe verleihen. Es repräsentiert sein Fundament, und die Wahl des Stoffes und der Farbe beeinflußt stark den ganzen Aufbau. Außerdem kann es ein zusätzliches Moment des persönlichen Ausdrucks und der symbolischen Darstellung sein.

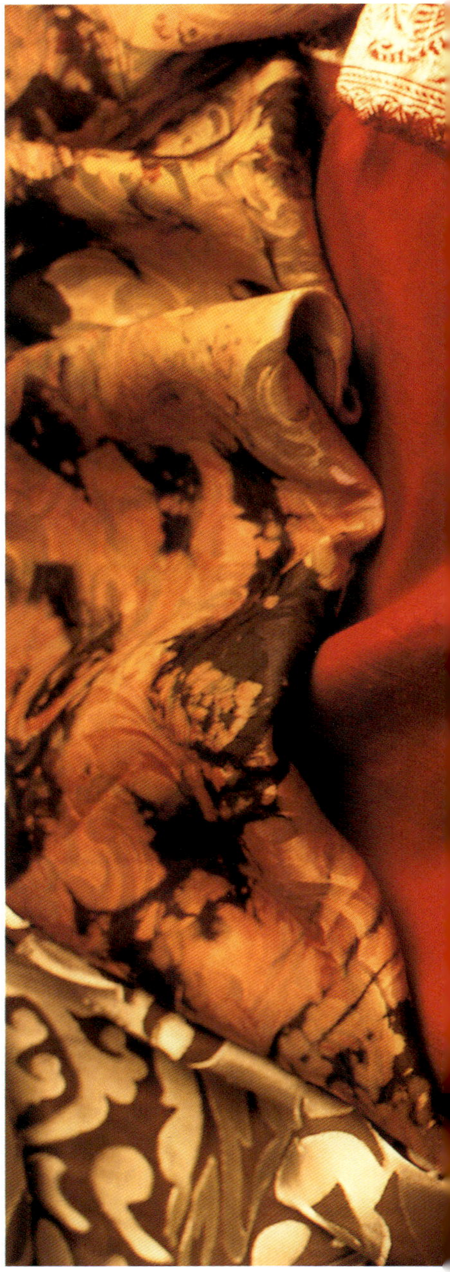

Indische Seidenstoffe eignen sich wunderbar als Altartücher.

Altargegenstände

Die Auswahl der Altargegenstände ist von großer Wichtigkeit, denn sie erzeugen die Lebenskraft Ihres Altars. Denken Sie daher bei der Zusammenstellung der Objekte an den Zweck Ihres Altars. Wenn Sie ihn der Liebe widmen wollen, könnten Sie sich zum Beispiel für ein Samtherz, ein duftendes Kräuterpotpourri und Fotos von Freunden und geliebten Personen entscheiden – alle Gegenstände spiegeln Ihre auf den Altar bezogene Absicht wider. Lebendige Altäre entwickeln sich mit der Zeit immer weiter, und dieser Wechsel verhindert die Stagnation. Seien Sie abenteuerlustig! Sie können ein paar Dinge ausprobieren und feststellen, daß sie nicht funktionieren, während andere genau richtig sind. Es ist ein fortlaufender Prozeß, denn mit der Veränderung Ihres Lebens und Ihrer Perspektive werden Sie auch Ihre Altargegenstände wechseln.

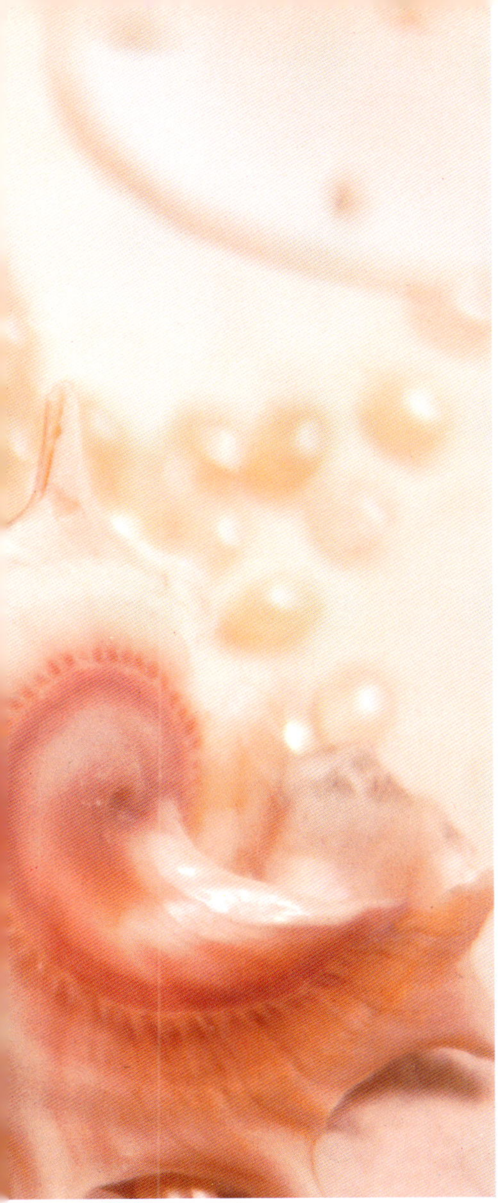

Muscheln auf dem Altar können die weibliche Energie des Meeres heraufbeschwören.

Sehen Sie zu, daß Sie die »Essenz« jedes gewählten Gegenstands überlegen. Diese Essenz wird von einer Reihe von Dingen beeinflußt: symbolische Bedeutung, Herkunft des Gegenstands sowie physische Beschaffenheit.

Viele Altargegenstände haben eine tiefe symbolische Bedeutung. Ein Foto von einer weißen Taube bedeutet beispielsweise für viele Menschen Frieden. Eine Eiche steht oft für Stärke, und der Mond symbolisiert weltweit das weibliche Prinzip.

Ihre Altargegenstände können auch eine ganz persönliche Bedeutung und nur für Sie Symbolkraft besitzen. Wenn Sie zum Beispiel mit dem Sammeln von Muscheln am Strand angenehme Erinnerungen verbinden, kann eine Muschel auf Ihrem Altar für Sie persönlich Freude symbolisieren. Die Essenz eines Altargegenstands wird auch von dem Menschen, der ihn geschaffen hat, beeinflußt. War es ein glücklicher Mensch, wird seine Fröhlichkeit auf subtiler Ebene in diesem Gegenstand bewahrt.

Die Essenz der Altargegenstände wird durch deren Herkunft, Beschaffenheit, aber auch durch ihre mystische Symbolik beeinflußt.

Auch die Herkunft wirkt sich auf den Altargegenstand aus. Ein Objekt, das beispielsweise im afrikanischen Urwald hergestellt wurde, hat eine andere Energie als eines, das in der Schweiz gefertigt wurde. Der aus Afrika stammende Gegenstand weist möglicherweise eine alte und ursprüngliche Restenergie auf, während der aus der Schweiz vielleicht die feine Energie klarer Bergluft ausstrahlt.

Das Material hat ebenfalls Einfluß auf die Energie. Glas fühlt sich ganz anders an als Holz. Ein Gegenstand aus klarem Glas hat vielleicht eine kühle, klare und präzise energetische Ausstrahlung, während die eines hölzernen Objekts vermutlich warm, erdhaft und natürlich ist. Die Farbe Ihrer Altargegenstände wirkt sich auf die gesamte Atmosphäre Ihres Schreins aus. Herrschen die Farben Rot, Orange und Gelb vor, mag das stimulierend und belebend sein, während blaue, lavendelfarbene und lila Gegenstände beruhigend und entspannend wirken.

Jedes von Ihnen ausgewählte Objekt wird von vielen Faktoren beeinflußt. Nehmen Sie sich Zeit, um auf Ihre Gefühle zu achten und festzustellen, ob es sich jeweils mit Ihrer Absicht für den Altar verträgt.

Symbolische Darstellung des Göttlichen

Jeder Altar sollte wenigstens einen Gegenstand aufweisen, der die spirituellen oder göttlichen Bereiche, eine Dimension jenseits des physischen Bereichs und gewöhnlichen Alltagslebens, symbolisiert. Für den einen Menschen mag das etwas aus der Natur sein, für einen anderen das Bild einer spirituellen Lehrerin oder eines Gottes aus alter Zeit, für wieder einen anderen eine kleine Ikone von Jesus oder Maria. Ganz gleich, welche spirituellen Überzeugungen wir hegen, wir alle haben das Bedürfnis, an etwas zu glauben, das größer ist als wir selbst, und diesem Etwas weisen wir einen Ehrenplatz auf dem Altar zu. Damit erklären wir ihn zu einem heiligen Raum.

Gegenstände aus der Natur

Gegenstände aus der freien Natur bringen ihre positive Energie in unser Heim, wenn wir ihnen auf unserem Hausaltar einen Platz geben. Zum Beispiel kann ein kleiner Kiefernzapfen das Gefühl von tiefem Waldfrieden vermitteln und unterschwellig die Erinnerung an weiches Moos und zarte Waldblumen wecken.

Ein Objekt aus der Natur kann auch die Empfindung, die Sie bei seinem Auffinden hatten, wieder lebendig werden lassen. Stellen Sie sich vor, Sie wandern in einem Gefühl tiefer Freude über eine Bergwiese und Sie bemerken einen weißen glatten Kieselstein. Sie heben ihn auf und nehmen ihn mit. Wenn Sie ihn nun auf Ihren Altar legen, bringt er in Ihnen die ganz besonderen Empfindungen von damals wieder hervor. Des weiteren können solche Gegenstände eine tiefe symbolische Bedeutung haben. Ein Stein kann für Erdung und die Verbindung mit der Erde stehen, eine Feder für höhere Bestrebungen, ein knorriger Stab für die Weisheit und Stärke des Alters, eine Rose für die Liebe.

Obschon die Symbolik je nach Brauchtum und Kultur variiert, möchte ich im folgenden einige der verbreitetsten üblichen Bedeutungen von Naturobjekten für Ihren Altar aufführen.

Steine

Ein natürlicher Stein auf Ihrem Altar verkörpert nicht nur erdende Energie, sondern birgt in sich auch die Qualitäten der Gegend, aus der er stammt. Steine, die von der Bewegung der Brandung geglättet und poliert wurden, tragen beispielsweise die Kraft des Ozeans in sich. Ihr Geist spricht von den Gezeiten der Brandung und den Bewegungen des Sandes. Steine, die in der Nähe von Baumwurzeln oder am Fuße der Klippen gefunden wurden, tragen den Geist des uralten Landes, des dunklen Lehms von Mutter Erde und ihrer ursprünglichen Geheimnisse in sich. Steine, die in einem Flußbett oder in Bächen gefunden wurden, besitzen die fließende Energie des Wassers. Jeder Stein birgt in sich die

Natürliche Steine können dem Altar eine erdende Energie verleihen.

Energie seiner Vergangenheit, seiner Zusammensetzung und der Gegend, in der er aufgefunden wurde.

Geschliffene Steine und Edelsteine

Geschliffene Steine sind schon seit Tausenden von Jahren für Altäre verwendet worden. Zum einen wegen ihrer Schönheit und ihren lichtreflektierenden Qualitäten, aber auch, weil man ihnen bestimmte Eigenschaften zuschreibt.

Bernstein zum Beispiel steht für Schutz, Zitrin für mentale Klarheit, Lapislazuli für Spiritualität und Intuition und Bergkristall für spirituelle Empfänglichkeit.

Metalle

Metalle in Form von Kelchen und Schwertern wurden nicht nur wegen ihres Wertes und ihrer kunstvollen Fertigung für Altäre benutzt, sondern auch wegen der spirituellen Qualitäten des Metalls. Gold auf dem Altar symbolisiert beispielsweise die Sonne und damit verbunden Herrlichkeit und Ausdehnung, Silber hingegen die lunaren Eigenschaften der weiblich-göttlichen Kraft, und Eisen Stärke und Erdung.

Muscheln

Muscheln auf dem Altar werden im allgemeinen mit der weiblichen Energie des Meeres assoziiert. Perlen sind schon seit Jahrtausenden für Altäre verwendet worden und repräsentieren unendliches Mitgefühl, Schutz und spirituelle Empfänglichkeit. Synthetische Perlen können zwar verwendet werden, sie verfügen jedoch nicht über die tiefe Energie natürlicher Perlen.

Federn auf dem Altar symbolisieren die Verbindung zwischen Himmel und Erde.

Knochen und Hörner

Die Knochen und Hörner eines Tieres symbolisieren seinen Geist. In der indianischen Tradition wird oft ein Büffelschädel auf dem Altar plaziert im Gedenken an das Geschenk der Nahrung und des Fells, das er den indianischen Vorfahren machte.

Federn

In vielen Stammestraditionen gelten Federn als Bindeglied zwischen dem Menschen und dem Kosmos. Sie symbolisieren den Flug in den Himmel. Bei den alten Ägyptern repräsentierten sie die Winde und die Schöpfergottheiten Ptah, Hator, Osiris und Amon. Im Christentum sah der heilige Gregor in ihnen das Sinnbild für Glaube und Kontemplation, und ein Federkiel steht für das Wort Gottes.

Pflanzen und Blumen

Topfpflanzen oder Schnittblumen können Ihren Altar mit einer wunderbaren vitalen Energie versehen. Jede Pflanze und Blume besitzt ihre ganz speziellen Eigenschaften. Das zu Beginn des Frühlings blühende Maiglöckchen etwa kann neues Leben und Neuanfänge symbolisieren. Versichern Sie sich bei Topfpflanzen, daß sie gesund sind und sich gut entwickeln.

Getrocknete Pflanzen

Auch eine getrocknete Pflanze enthält noch die Essenz der lebendigen Pflanze. Eine Schale mit getrockneten Rosenblättern oder ein Büschel getrockneten Lavendels bringen die Energie der Natur in Ihr Heim.

Kräuter

Kräuter werden häufig wegen der mit ihnen assoziierten Qualitäten auf den Altar gelegt. Salbei beispielsweise steht für Reinigung, Knoblauch oft für Schutz und Lavendel für Frieden.

Früchte und Getreidekörner

Früchte und Getreidekörner wurden schon immer auf den Altar gelegt, um die Ernte und die Fülle der Natur zu feiern. Zudem haben sie eine ähnliche symbolische Bedeutung wie das Ei, denn sie tragen den Keim neuen Wachstums in sich. Mais, den man auf uralten Altären fand, symbolisiert Ernte, Fülle, Fruchtbarkeit und Segen. Ein glänzender Apfel kann Gesundheit und Vitalität bedeuten, und ein Pfirsich stand traditionell für Unsterblichkeit und Ehe.

Manchmal wird, wie etwa in Indien, auch zubereitete Nahrung auf dem Hausschrein vor dem Bild einer Gottheit niedergelegt. Die Speise wird zum Konzentrationspunkt der täglichen Puja (rituelle Zeremonie der Gottesverehrung), um die Gottheit willkommen zu heißen oder ins eigene Heim einzuladen.

Zweige, Äste, Zapfen und Blätter

Überall auf der Welt verehrten die Urvölker die Bäume. Vom Baum der Erkenntnis in der Genesis, über Buddha, der unter dem Bodhi-Baum Erleuchtung erlangte, dem nordischen Weltenbaum bis zu den Indianern, die Bäume ihre Brüder und Schwestern nannten, standen Bäume für die Verbindung mit den spirituellen Bereichen. Wenn Sie ein Stück von einem Baum, ein Blatt oder etwas Rinde, auf Ihren Altar legen, bringt das die Energie dieses Baumes in Ihr Heim. Jeder Baum hat seine ganz eigene Energie. Der Gingkobaum beispielsweise symbolisiert Wissen, alte Weisheit und Langlebigkeit, die Kiefer steht für Reinigung, Einfachheit und Geradlinigkeit, die Eiche für Stärke und seelische Kraft.

Heilige Lotosblumen und Blumengaben schmücken diesen dem Thai-Geist gewidmeten Altar.

Aromatherapie – ätherische Öle und Räucherwerk

Das Element des Duftes bereichert die Gesamtenergie Ihres Altars um eine wundervolle Komponente. Ein Räucherstäbchen zu entzünden, duftende Blumen oder ein Schälchen mit Zedernspänen, Orangenschalen oder Kiefernadeln auf den Altar zu stellen kann augenblicklich Ihre Stimmung heben.
Seit jeher wurden verschiedene Gerüche und Düfte für spirituelle und therapeutische Zwecke verwendet. Hippokrates rühmte vor über 2000 Jahren die Vorzüge aromatischer Duftstoffe, und auch die Bibel erwähnt das Heilen mit aromatischen Ölen. In alten Zeiten glaubte man, besondere und seltene Duftstoffe würden die Götter und Engel anziehen und zugleich negative Kräfte vertreiben.

Natürliche Aromastoffe tragen die Lebenskraft der Pflanze in sich und verleihen Ihrem Altar eine machtvolle Energie.

Die moderne Forschung bestätigt, was viele Menschen schon immer wußten, nämlich daß Gerüche unsere Gefühle und unser Energieniveau beeinflussen können. Sie wirken sich stärker auf unsere emotionalen Reaktionen aus als alle anderen Sinneswahrnehmungen. Unsere Geruchsrezeptoren sind so empfindlich, daß schon ein einziges Molekül bestimmter Substanzen eine einzige Sinneszelle reizen und beispielsweise unser Geruchssystem weniger als ein hundertmillionstel Gramm Moschus wahrnehmen kann. Wenn Sie eine besondere Mischung ätherischer Öle für Ihren Altar haben, fühlen Sie sich jedesmal, wenn Sie diesen Duft wahrnehmen, mit dem wunderbaren Energiefeld Ihres Schreins verbunden.

Zarte Blumen auf dem Altar erwecken die Sinne.

Es gibt hier viele Möglichkeiten, doch sollte jeder Aromastoff, den Sie für Ihren Altar verwenden, natürlichen Ursprungs sein, da viele Menschen auf synthetische Stoffe allergisch reagieren und über Kopfschmerzen, Halsschmerzen oder Übelkeit klagen. Echte ätherische Aromaöle sind natürliche Produkte, die über ein Dampfdestillationsverfahren aus einer Pflanze oder einem Kraut gewonnen werden. Zwar sind sie nicht so haltbar wie synthetische Duftstoffe und variieren diesbezüglich je nach Örtlichkeit, Klima und Bodenbeschaffenheit, aber ihr Duft ist vorzüglich und, noch wichtiger, sie besitzen die Energie, Lebenskraft und spirituellen Eigenschaften der jeweiligen Pflanze.

Für die Verwendung an Ihrem Altar können Sie Duftkerzen aus ätherischem Öl oder eine Duftmischung aus getrockneten Pflanzen in Betracht ziehen. Auch Weihrauch, Räucherstäbchen und anderes Räucherwerk eignen sich hervorragend, sollten aber von guter Qualität und ohne starke synthetische Duftstoffzusätze sein, da diese zwar wirksam den Zigarettengeruch überlagern, aber nicht auf einen Altar gehören.

Duftlampen bieten ebenfalls eine exzellente Möglichkeit, Duft einzusetzen. Üblicherweise ist dies eine Lampe aus Keramik mit einem Schälchen, das mit Wasser gefüllt wird, in das man ein paar Tropfen ätherischen Aromaöls gibt. Darunter befindet sich ein Hohlraum, in den Sie ein Teelicht – das etwa vier bis sechs Stunden brennt – stellen können. Die Flamme erwärmt das Wasser, und ein angenehmer weicher Duft verbreitet sich.

Zu den Duftstoffen, die Sie für Ihren Altar nützlich finden könnten, gehören Weihrauch und Sandelholz zur Beruhigung, den Abbau von Ängsten und für spirituelle Klarheit, Zitrone hebt die Stimmung, belebt und fördert die mentale Wachheit, Kiefer dient der Reinigung und Läuterung.

Tiersymbole

Schon in alten Zeiten hat man symbolische Darstellungen von Tieren auf den Altar gestellt. Sie sollten helfen, die mit ihnen assoziierten Eigenschaften im eigenen Leben zu erwecken. So glaubte man beispielsweise, daß ein kleiner, aus Holz geschnitzter Bär oder auch eine Bärenklaue auf dem Hausschrein die schützende Stärke und Energie des Bären ins Haus bringt.

Die den Tieren zugeordneten symbolischen Bedeutungen unterscheiden sich von Kultur zu Kultur und von Mensch zu Mensch. Entscheidend ist hier, welche sich für Sie intuitiv richtig anfühlt. Die symbolische Darstellung eines Tieres auf Ihrem Altar kann Sie tiefer mit der Erde verbinden und zudem dessen spezielle Eigenschaften in Ihnen fördern.

Eine Bärenfigur auf dem Altar symbolisiert Stärke und Schutz.

Bilder von geliebten Haustieren

Heutzutage stellen viele Menschen ein Foto von einem geliebten Haustier an einen Ehrenplatz. Auf Ihrem Hausaltar plaziert, erinnert es Sie an die gemeinsam verbrachten schönen Zeiten und gibt diesem Familienmitglied einen Platz in Ihrem Herzen.

Religiöse Vorbilder und alte Gottheiten

Manche Menschen finden großen Trost in der Rückkehr zu den alten Gottheiten unserer kollektiven Vergangenheit. Ihre Energien können manchmal ein Bedürfnis befriedigen, auf das unsere heutigen religiösen Institutionen nicht eingehen. Eine Figur, ein Bild oder eine Zeichnung von einer solchen Gottheit auf Ihrem Altar erinnert Sie an die Qualitäten und Eigenschaften, die sie verkörpert. Die chinesische Kuan Yin steht gewöhnlich für Mitgefühl und die nährende und fürsorgende Mutter, der christliche heilige Franziskus von Assisi ist ein Sinnbild für Reinheit, Einfachheit und Güte gegenüber den Tieren, und die ägyptische Isis symbolisiert oftmals die Muttergöttin und die inneren weiblichen Mysterien.

Geheiligte Gegenstände

Es ist eine altehrwürdige Tradition, etwas auf den Altar zu stellen, das für die spirituellen Ideale steht. Gegenstände, die göttliche Bereiche repräsentieren, besitzen große Kraft, weshalb es sehr wichtig ist, die Bedeutung zu überprüfen, die ein solches Objekt für Sie hat. So kann die Asche von einem heiligen Feuer ein Herz bedeuten, das offen ist für den Schöpfer. Gebetsperlen wiederum dienen als Konzentrationspunkt für Gebete, und eine Engelsfigur mit ausgebreiteten Armen kann auf eine Offenheit für die himmlischen Bereiche hindeuten. Eine Frau plazierte einen kleinen, kalligraphisch gestalteten Text ihres verehrten Zen-Meisters auf ihrem Altar. Für sie war dieser ein geheiligter Gegenstand, weil in ihm die Klarheit und Weisheit ihres Lehrers zum Ausdruck kamen. Geheiligte Gegenstände auf Ihrem Altar machen ihn wahrhaft zu einem Ort der Begegnung von Himmel und Erde.

Farben

Die Farben, die Sie für Ihren Altar benutzen, haben einen starken Einfluß auf die Gesamtheit seiner Energie. Kühle Farben, Blau, Grün und Lila, sind eher entspannend und meditativ und eignen sich bes-

Eine Kuan-Yin-Statue auf dem Altar bedeutet Mitgefühl.

ser für einen dem Frieden und der Innenschau gewidmeten Schrein als stimulierende warme Farbtöne. Warme, belebende und aktive Farben wie Rot, Orange und Gelb sind in der Regel gut für einen Altar, der dem Handeln, der Kreativität und Vitalität gewidmet ist.

Symbolische Formen und Muster

Symbolische Formen und Figuren wie der Kreis oder das Kreuz dienen als einzigartige und tiefgründige Katalysatoren, die menschliche Natur ausdrücken. Sie sind bereits in der Altsteinzeit zu finden und begleiteten die gesamte zivilisatorische Entwicklung. Im Lauf der Zeit haben sie sich verändert und an Komplexität gewonnen, doch die Themen blieben dieselben: Verbindung zu den spirituellen Bereichen und göttlichen schöpferischen Kräften, Fruchtbarkeit, Geburt und Tod. Eine solche symbolische Form oder Figur auf Ihrem Altar dient als Konzentrationspunkt, kann tiefe Bedeutung übermitteln und helfen, die verschiedenen Altarelemente zu einer Synthese zu vereinen. Manche dieser Formen sind allgemeingültig, wie beispielsweise der Kreis, der meist für Ganzheit und Vollendung steht, oder das Kreuz, das übrigens weit älter ist als das Christentum und ein machtvolles Symbol der Verbindung von Himmel und Erde darstellt.

Ein Dharmarad – eines der acht heiligen Symbole des Buddhismus.

Manche dieser Formen sind einem bestimmten Kulturkreis zugeordnet, so wie das Ankh, das alte ägyptische Symbol des Lebens. Das Yantra oder Mandala, ein meist aus geometrischen Formen aufgebautes Diagramm, dient der Meditation und entstammt dem Hinduismus und Buddhismus. Symbole, die dem eigenen kulturellen Erbe zugehören, können einen starken Einfluß auf das Unterbewußtsein ausüben, es lohnt sich daher, nach Symbolen zu forschen, die für Ihre Vorfahren Bedeutung hatten. Waren diese beispielsweise Kelten, könnten Sie einige Spiralen zeichnen und sie auf Ihrem Altar plazieren. Denn Spiralen wurden von den Kelten, die sie in Stein meißelten, verehrt und als Darstellung der schöpferischen Kräfte des Universums verstanden.

Spiralen, die in die uralten Steine im irischen Newgrange eingemeißelt sind.

Zahlen

Kerzen auf dem Altar symbolisieren oft die spirituellen Bereiche.

Seit Anbeginn der Zeit galten Zahlen als Symbole mit mystischer Bedeutung. Es ist ein Unterschied, ob Sie drei Steine auf dem Altar plazieren oder zwei Steine, und auch die Energie ist eine andere. Drei Steine beschwören die Trinität, zwei Steine hingegen rufen die Energie von Yin und Yang hervor. Das folgende System basiert auf dem pythagoräischen System, auf das sich auch die moderne Numerologie gründet.

Eins Unabhängigkeit, Neuanfang, Einssein mit dem Leben, Selbstentfaltung, Individualität, Fortschritt und Kreativität.

Zwei Balance der Energien von Yin und Yang den Polaritäten des Universums; Selbsthingabe, sich selbst hintenanstellen, wechselseitige dynamische Anziehung, Erkenntnis und Wissen entstehen aus der Balance und Vereinigung zweier Gegensätze.

Drei Die Dreiheit: Körper, Geist und Seele; dreifaltige Natur des Göttlichen; Erweiterung, Ausdruck, Kommunikation, Spaß und Selbstausdruck, nach außen abgeben, Offenheit und Optimismus.

Vier Sicherheit und Grundlagen; die vier Elemente und vier heiligen Himmelsrichtungen; Selbstdisziplin durch Arbeit und Dienen; Produktivität, Organisation, Ganzheitlichkeit und Einheit.

Fünf Das Gefühl von Freisein, persönliche Emanzipierung, aktiv, physisch, impulsiv, energisch, wandelbar, abenteuerlustig und erfinderisch; mit Reisen und Neugier assoziiert; die freie Seele, Aufregung und Veränderung.

Sechs Innere Harmonie, Mitgefühl, Liebe, Dienst, soziale Verantwortung, Schönheit, die Künste, Großzügigkeit, Engagement; bezieht sich auf Kinder, Ausgewogenheit und Gemeindedienst.

Sieben Innenleben und innere Weisheit; eine mystische Zahl, die Weisheit, die sieben Chakren und die sieben Himmel symbolisiert.

Acht Unendlichkeit, materieller Wohlstand, persönliche Macht und Kraft, Fülle, kosmisches Bewußtsein, Belohnung, Autorität und Führerschaft.

Neun Humanismus, Selbstlosigkeit, das eigene Leben anderen widmen; ein Symbol des universellen Mitgefühls, der Toleranz und Weisheit.

Zehn Vollendung, da wir zehn Finger haben; symbolisiert die Rückkehr zur Einheit.

Elf Intuition, Hellsichtigkeit, spirituelle Heilkraft und andere metaphysische Fähigkeiten.

Zwölf 12 Zeichen des Tierkreises, 12 Monate im Jahr, 12 Stunden des Tages und der Nacht, 12 Ritter der Tafelrunde, 12 Jünger; Balance von spirituellem und irdischem Reich.

Zweiundzwanzig Unbegrenztes Potential für die Meisterschaft in jedwelchem Bereich, nicht nur auf spiritueller, sondern auch auf physischer, emotionaler und mentaler Ebene.

Dreiunddreißig Alte Mysterien; alle Dinge sind möglich.

Das Geschenk eines Kindes verleiht dem Altar eine besondere Energie.

Kerzen

Kerzen sind praktisch überall auf der Welt auf Altären zu finden. Schon von frühester Zeit an waren sie nicht nur eine Quelle des Lichts, sondern auch ein machtvolles Symbol des Großen Geistes. Das die Dunkelheit erhellende Kerzenlicht stand für den spirituellen Funken im Menschen, der vom größeren Licht des Göttlichen entfacht wurde. Kerzen dienen auch der Sammlung für die Konzentration und Meditation. Denken Sie jedoch daran, auf dem Altar brennende Kerzen nie unbeaufsichtigt zu lassen.

Dünne Wachskerzen

Schöne elegante Wachskerzen schaffen einen wundervollen Konzentrationspunkt auf Ihrem Altar, auch wenn sie nicht angezündet sind. Große schlanke Wachskerzen gibt es in allen Farben und Variationen: in Handarbeit gefertigt, aus Bienenwachs gerollt, kreativ dekoriert oder mit ätherischen Aromaölen getränkt. Sehen Sie zu, daß die Dochte gestutzt sind, um Rauchentwicklung zu vermeiden. Vorsicht beim Ausblasen oder Ausdrücken der Flamme, damit Sie nicht heißes Wachs verspritzen.

Votivkerzen

Kleine Votivkerzen bilden eine schöne Ergänzung und sind vor allem bei kleinen Altären und Reisealtären nützlich. Für sie gibt es Glasbehälter in allen Formen und Farben.

Fotos und Bilder

Ein Foto von Ihren Kindern, Verwandten oder Freunden auf dem Altar kann helfen, positive familiäre Bindungen zu fördern. Bilder von inspirierenden oder spirituellen Personen können Sie darin unterstützen, die von ihnen repräsentierten Eigenschaften in Ihr Heim einzubringen. Das Foto von einer Person, die Sie inspiriert, kann Ihnen durch schwierige Zeiten hindurchhelfen und als eine Art spiritueller Leitstern fungieren.

Besondere Geschenke

Besondere Geschenke, die Sie im Lauf der Jahre erhalten haben, versehen Ihren Hausaltar mit einer wunderbaren Energie. Ein für Sie bedeutungsvolles Geschenk trägt in sich all die Liebe, mit der es Ihnen gegeben wurde. Die bunte, selbst gemalte Geburtstagskarte eines Kindes, die hübsche Muschel, die Sie von der Enkelin bekamen, das Diamanthalsband, das Ihnen die geliebte Großtante schenkte, all das kann Ihnen wunderbare Erinnerungen bescheren.

Vier Elemente

Die Ehrung von Luft, Wasser, Erde und Feuer auf Ihrem Altar stärkt Ihre Verbindung zur Natur.

Die vier Elemente – Luft, Wasser, Feuer und Erde – wurden in so unterschiedlichen Kulturen wie der im antiken Griechenland, der Kelten und der Indianer geehrt, denn ohne sie gäbe es kein Leben auf der Erde. Wenn Sie diesen essentiellen Grundelementen der Natur Ehre erweisen, zollen Sie auch den vier Aspekten Ihres Seins Anerkennung, für die diese vier Elemente in vielen Traditionen ebenfalls stehen: Luft – das Mentale; Wasser – Emotionen; Erde – das Physische; Feuer – die spirituelle Lebenskraft.

In vielen Traditionen wird zu Ehren der Macht dieser Elemente etwas auf den Altar gelegt, das sie symbolisiert. Eine leere Schale oder ein Kelch können für das unsichtbare, doch machtvolle Element der Luft stehen; eine mit kristallklarem Wasser gefüllte Vase oder eine Blüte in einer Wasserschale für das Wasser; Räucherwerk oder eine Kerze, selbst wenn sie nicht angezündet ist, für das Feuer; ein Stein, ein Behälter mit Sand oder auch eine Pflanze für die Erde. Indem Sie diese Gegenstände, die die vier Elemente repräsentieren, auf Ihrem Altar plazieren, ehren Sie die heiligen Zyklen Ihres Lebens und vertiefen Ihre Verbindung mit der Natur.

Ein traditioneller chinesisch-buddhistischer Altar. Die meisten buddhistischen Altäre sind ein Fest für die Sinne und mit Früchten, Blumen, Räucherwerk und Reis als Opfergaben geschmückt. Diese sind Ausdruck der Dankbarkeit für die erhaltenen Segnungen und der Gebete um künftiges Glück.

Opfergaben

Noch vor Generationen brachte man in Anerkennung und Ehrung der Götter und schöpferischen Kräfte des Universums Opfergaben auf den Altären dar. Das heißt, man bot einer Gottheit in einem heiligen Akt der Verehrung oder des Opfers ein Geschenk an, gewöhnlich Nahrung und Blumen oder schöne Gegenstände aus der Natur. In Ägypten wurde der Hausaltar mit Speisen, Wein und Blumen als Opfergaben geschmückt. In vielen asiatischen Kulturen ist es noch heute üblich, täglich auf dem Hausschrein Reis, Wasser, Blumen und Räucherwerk als Opfergaben zu plazieren. In der indianischen Tradition brachte man Tabak, Mais und Getreidepollen dar. Im alten Europa wurden die Altäre mit Wein, Korn und Salz geschmückt, und in Tibet verwendete man mit Duftessenzen versetztes Wasser. Mit einer Opfergabe auf Ihrem Altar bringen Sie Ihre Dankbarkeit für all die Fülle, die Sie erhalten haben, zum Ausdruck und zeigen Ihre Offenheit für die spirituellen Bereiche.

Die Reinigung

Wenn Sie den Ort für Ihren Altar bereitet und Ihre Altargegenstände zusammengestellt haben, nehmen Sie eine physische und spirituelle Reinigung vor. Was die physische Reinigung betrifft, so säubern Sie den ganzen Raum oder Bereich, in dem Ihr Altar stehen soll. Entfernen Sie allen unnötigen Krimskrams, putzen Sie die Fenster, wischen Sie den Boden. Sorgen Sie dafür, daß alles blitzblank sauber ist, und öffnen Sie ein Fenster, um gründlich zu lüften.

Als nächstes läutern Sie die spirituelle Energie des Altarbereichs. Dafür gibt es eine Reihe von Möglichkeiten. Sie können Räucherwerk oder Salbei verbrennen, während Sie Gebete sprechen und den Rauch mit einer Feder um den Altar herum verteilen. Sie können auch Töne und Klänge einsetzen und mit einer Trommel oder mit Glöckchen, Glocken oder Rasseln negative Energien vertreiben. Trommeln, rasseln oder klingeln Sie so lange, bis Sie das Gefühl haben, daß alle stagnierende Energie entwichen ist und die Atmosphäre sich klar und leicht vibrierend anfühlt. Auch mit Singen läßt sich die spirituelle Energie sehr effektiv läutern. Sie sollten zudem sichergehen, daß jeder Altargegenstand gereinigt und energetisch geläutert ist. (Siehe auch zur Reinigung Seite 131.)

Das Arrangement der Altargegenstände

Wenn Sie sich selbst, den Altarbereich und die Altargegenstände gereinigt und energetisch geläutert haben, müssen Sie mit großer Achtsamkeit und Sorgfalt entscheiden, wie Sie die Objekte anordnen wollen. Sie können hier auf der Grundlage eines logischen Plans vorgehen oder sich auf Ihr intuitives oder künstlerisches Gefühl verlassen. In ersterem Fall wählen Sie zunächst ein System, nach dem Sie sich richten wollen. Vielleicht möchten Sie zum Beispiel die kleineren Dinge vorne und die größeren hinten aufstellen. Oder womöglich wollen Sie im Falle eines Ahnenaltars die Gegenstände, die die jüngste Generation repräsentieren, vorne, und die der ältesten Generationen hinten plazieren.

Bei der intuitiven Vorgehensweise stellen Sie einfach alle ausgewählten Gegenstände auf den Altar und rücken sie so lange herum, bis sich alles richtig anfühlt. Lassen Sie alle Versuche einer bewußten Kontrolle beiseite und klinken Sie sich in Ihr Unterbewußtsein ein. Wenn Sie die Gegenstände so lange umstellen, bis Ihnen das Arrangement gefällt, wissen Sie vielleicht nicht, warum dies so ist, aber Sie werden eine sinnvolle Balance hergestellt haben.

Federn, eine Rassel und Fotos meiner Großmutter sind Schlüsselelemente auf meinem Ahnenaltar.

Die Anrufung

Ist Ihr Altar dann aufgestellt, ist es Zeit für eine Zeremonie der Widmung, eine Art Initiations- oder Geburtsritual. Das kann etwas so Einfaches sein wie eine Kerze anzuzünden und für ein paar Augenblicke still zu sitzen, während der Geist des Altars Ihr Inneres erfüllt. Oder Sie lassen eine Glocke erklingen und Ihre Gebete dem Klang in die Stille hinein folgen. Sie können die Zeremonie mit einem Gebet beenden, mit dem Sie die Hoffnungen in Worte fassen, die Sie mit dem Altar verbinden.

Handelt es sich um einen Gemeinschaftsaltar, wollen Sie vielleicht die anderen Mitglieder Ihres Haushalts einbeziehen und jedem die Chance geben, ein paar Worte zu sprechen, oder Sie sitzen einfach nur in Stille vereint da. Es ist besonders schön, wenn Kinder dabei sind, denn ihre Kraft hilft, den Altar mit Energie aufzuladen. Außerdem vermittelt es ihnen eine Erfahrung, auf die sie in späteren Jahren zurückblicken können.

Es macht nichts, wenn Sie auch Familienmitglieder einbeziehen, die die Gefühle, die Sie mit dem Altar verbinden, nicht ganz nachvollziehen können. Erklären Sie ihnen einfach, was er für Sie bedeutet und warum Sie sie an der Zeremonie beteiligt wissen möchten. Es ist auch in Ordnung, wenn Mitbewohner die Teilnahme an dieser Zeremonie ablehnen. Das bietet Ihnen die Möglichkeit, das Loslassen zu praktizieren, zuzulassen, daß die Dinge auf ihre eigene Weise geschehen.

Die Zeremonie der Widmung lädt den Altar mit Energie auf, die dann in Ihr Heim und Leben ausstrahlt und Kreise zieht wie ein kleiner, in die Mitte eines tiefen Teichs geworfener Kieselstein. Dieses Ritual hilft, Ihren Altar zu einem Kristallisationspunkt der Energie zu machen, die weitreichende Auswirkungen auf Ihr ganzes Leben haben kann.

Hier ist ein Beispiel für ein Gebet, das Sie bei dieser Zeremonie sprechen könnten:

Möge der Schöpfer, der allen Dingen innewohnt, Segen in dieses Heim und in diese Familie bringen. Möge dieser Altar uns immer an den göttlichen Funken, den wir alle in uns tragen, erinnern. Laß Freude, Liebe, Fülle, Gesundheit und Friede in dieses Heim einströmen.

Eine balinesische Glocke, die bei der Einweihungszeremonie des Altars benutzt wurde.

Die Bewahrung

Wenn Sie Ihren Altar mit Energie aufgeladen haben, wollen Sie sie auch bewahren, so daß sie immer frisch und erneuert, stets eine Quelle der Stärke und des Friedens für Sie bleibt. Der einfachste und mit Sicherheit effektivste Weg dazu ist die regelmäßige Meditation vor Ihrem Altar. Die Kraft Ihrer Gebete und Meditationen versieht ihn mit einer Energie, die in das Universum ausstrahlt und das, was in Ihrem Herzen ist, in die Welt hinaussendet. Die Energie kommt dann zu Ihnen zurück und erfüllt Sie mit noch mehr Vitalität und Freude. Es handelt sich um einen Bumerangeffekt, der nicht nur die Kraft Ihres Altars steigert, sondern auch eine unglaubliche Wirkung auf Ihr Leben haben kann.

Eine andere Möglichkeit zur Bewahrung der Energie besteht darin, stets erneuerbare Gegenstände auf Ihrem Altar zu plazieren, einen Blumenstrauß, eine einzelne Rosenknospe, frische Früchte, eine Topfpflanze oder Quellwasser in einer schönen Glasschale. Auch ein kleiner sprudelnder Zimmerspringbrunnen kann die Energie Ihres Altars beleben.

Ihr Altar kann Sie den Zyklen der Natur näher und mit ihren Rhythmen in Einklang bringen.

Wenn Sie sich täglich um dieses frische Element auf Ihrem Altar kümmern, hält das Ihre Beziehung zu ihm lebendig, und er steht nicht leblos und ungenutzt da.

Ebenso halten Sie die Energie Ihres Altars kraftvoll und am Fließen, wenn Sie ab und zu einen seiner Gegenstände weggeben. Ein solches Objekt ist ein ganz besonderes Geschenk, denn Sie schenken nicht nur den materiellen Gegenstand, sondern auch die von ihm absorbierte spirituelle Energie. Und wenn Sie ihn weggeben, schaffen Sie Platz für einen anderen, der in Ihren heiligen Raum neue und frische Energie einbringt.

Sie stellen eine lebendige und liebevolle Beziehung zu Ihrem Altar her, wenn Sie von Zeit zu Zeit die Gegenstände umordnen und seine Elemente verändern, wann immer Ihnen Ihr Herz und Ihre Intuition dies anraten, und das wird Sie nähren und Erfüllung in alle Lebensbereiche bringen. Ihr Altar kann Ihnen bei den Verletzungen, die das Leben mit sich bringt, ein Trost sein, und ein Mittelpunkt der Freude, des Vergnügens und des Feierns Ihrer Triumphe. Er kann der Ort sein, wohin Sie sich wenden, um sich Ihrer Wurzeln zu besinnen, Ihre Wunden zu heilen und sich mit der Quelle der tiefsten Wahrheiten Ihrer Seele zu verbinden.

Der Altar des Schöpfers – erfüllt von sanft gefiltertem Sonnenlicht, gesprenkeltem Licht auf dem Waldboden und einem stillen Moment.

DIE *Zeremonie*

Zeremonien am Altar

Wenn Sie Ihren Altar vollendet haben, wird er zu einem Kraftort, einem heiligen Bereich, der Energie anzieht und ausstrahlt. Altäre, die regelmäßig in Gebrauch sind, sind die wirksamsten. Jede zeremonielle Nutzung Ihres Hausschreins stärkt sein Energiefeld, und das wirkt sich wiederum intensivierend und vertiefend auf die Momente aus, die Sie in Hingabe, Kontemplation, Gebet oder Meditation vor ihm verbringen. Diese Regelmäßigkeit bestärkt Sie auf Ihrem spirituellen Weg und gibt auch den profansten Aspekten des Lebens eine heilige Bedeutung.

Das Meditieren vor Ihrem Altar bestärkt Sie auf Ihrem spirituellen Weg und gibt auch den profansten Aspekten des Lebens heilige Bedeutung.

Sie müssen nicht unbedingt lange Zeiten vor Ihrem Altar verbringen, um ihn zu einem wertvollen Bestandteil Ihres Lebens und Zuhauses zu machen. Manchmal bringen schon einfach ein Moment des Schweigens, ein frischer Blumenstrauß in der Vase oder das Entzünden einer Altarkerze ein tiefes Gefühl von Heiligkeit und gelassener Heiterkeit mit sich. Doch gelegentlich werden Sie mehr Zeit vor Ihrem Hausaltar verbringen wollen, und dann sollten Sie sich vier wichtige Schritte vergegenwärtigen.

Der erste besteht in der Vorbereitung. Es ist wichtig, daß Sie sich selbst und Ihren Altar vor Beginn Ihrer Meditation vorbereiten. Der zweite besteht in der Sammlung und Konzentration. Hier nutzen Sie den Altar als Konzentrationspunkt für Ihre Meditationen und Gebete. Der dritte besteht im Zuhören. In dieser Phase bringen Sie sich innerlich zur Stille und lauschen auf Ihre innersten Gedanken und die Botschaften des Großen Geistes. Der letzte Schritt beinhaltet die Vollendungsphase, in der Sie die Zeremonie feierlich beenden. Diese vier Schritte intensivieren die von Ihrem Altar ausgehende Energie und vitalisieren ihn.

Kerzen werden oftmals bei Altarzeremonien benutzt.

Vorbereitung

Die Vorbereitung ist wichtig, weil sie die Kraft Ihrer Meditationen erhöht. Diese Phase besteht aus drei Teilen: Reinigung, Klarheit Ihrer Absicht und Zentrierung. Die sorgfältige Durchführung dieser drei Schritte bildet das Fundament für jedwede Nutzung Ihres Altars.

Reinigung

Idealerweise sollten Sie vor jeder Nutzung den Raum, sich selbst und den Altar reinigen. Die Zeit, die Sie darauf verwenden, wirkt sich unmittelbar auf die Qualität und Wirksamkeit Ihrer Kontemplationsphase vor dem Schrein aus.

Reinigung des Raums

Es ist Ihrer Meditation förderlich, wenn Sie vorab den Raum säubern und seine Energie läutern. Ein Zimmer, in dem sich die Zeitungen stapeln, der Boden verdreckt ist und schmutzige Kaffeetassen herumstehen, kann die Konzentration erheblich stören. Ein einfaches Staubsaugen, Abwischen der Oberflächen und Entfernen des Gerümpels reichen oft aus, um die Raumenergie zu bessern. Manchmal aber müssen Sie zu deren Läuterung ein bißchen mehr tun, vor allem dann, wenn es einen Streit im Raum gab, wenn ein Bewohner des Hauses krank war oder wenn eine allgemeine Apathie und Lustlosigkeit in der Wohnung vorherrschen.

Es gibt eine Reihe von Möglichkeiten, um festzustellen, ob die Raumenergie stagniert und einer gründlichen Läuterung bedarf. Farben wirken oft trübe und leblos, Töne hören sich gedämpft an, oder Sie haben das Gefühl von Kurzatmigkeit, Sauerstoffmangel oder einer drückenden Atmosphäre. Manchmal ist Ihnen so, als müßten Sie durch Honig waten. Hier gibt es ein paar ganz einfache und leicht anzuwendende Techniken zur Verbesserung der Raumenergie, wie beispielsweise das Entzünden einer Kerze, das Läuten einer Glocke oder das Räuchern mit Salbei.

Neben dem Einsatz von Glocken, Trommeln und Salbei ist das In-die-Hände-Klatschen ebenfalls eine sehr wirkungsvolle und gut anwendbare Methode, um augenblicklich träge Energie zu vertreiben. Bei dieser Technik fangen Sie bei der Zimmertür oder in der östlichsten Ecke des Raums an. Wichtig ist, daß Sie dabei auf das beabsichtigte Resultat konzentriert bleiben. Die erzeugten Laute steigern die Kraft Ihrer Absicht. Ihr Körper sollte entspannt und Ihre Haltung locker bleiben. Die Klatschlaute sollten sich sauber, frisch und klar anhören. Wirken Sie gedämpft oder verschwommen, bedeutet das gewöhnlich eine noch immer stagnierende Energie.

Führen Sie das Klatschen in vertikaler Richtung vom Boden bis zur Decke durch, dadurch heben Sie die Raumenergie, und breiten Sie nach jedem Klatschen die Arme aus. Gehen Sie auf diese Weise im Raum herum, bis Sie ihn ganz umrundet haben. Die Energie ist geläutert, wenn die Farben leuchtender sind, so als bräche das Sonnenlicht nach einem heftigen Regen durch die Wolken, und wenn sich die Töne im Raum frischer und klarer anhören. Vielleicht haben Sie auch das Empfinden, tiefer durchatmen zu können, und fühlen sich leichter und freier.

Reinigung der eigenen Person

Nach der Reinigung des Raums und des Altarbereichs möchten Sie sich eventuell auch selbst reinigen. Sie können das physisch oder spirituell oder auch beides tun. Es ist vielleicht nicht nötig, ein Bad zu nehmen oder zu duschen, aber Ihnen wird wohler sein, wenn Sie sich sauber fühlen und nicht in schmutzigen Kleidern und verschwitzt vor dem Altar sitzen. Wenn Sie baden oder duschen, können Sie eine Tasse Salz ins Wasser schütten oder sich mit Salz abreiben, denn dessen reinigende Eigenschaften werden Ihr Energiefeld läutern. Duschen Sie sich zum Schluß mit kaltem Wasser ab, das wird Ihre Aura zum Leuchten bringen.

Wenn Sie keine Zeit oder Lust zum Baden oder Duschen haben, können Sie sich auf spirituelle Weise mit Salbeirauch oder durch Einsprühen mit Wasser, das mit einigen Tropfen ätherischen Öls versetzt ist, reinigen. Beim Räuchern, einem indianischen Verfahren der zeremoniellen Selbstreinigung, entzünden Sie zunächst ein kleines Kräuterbündel in einer tiefen feuerfesten Schale. Traditionell nimmt man hier Salbei, aber es können auch andere natürliche Substanzen wie beispielsweise Zedernholz verwendet werden. Sind die Kräuter entzündet, blasen Sie sacht die Flamme aus. Das Bündel wird danach weiterhin Rauch entwickeln.

Schöpfen Sie mit den Händen den Rauch, und führen Sie ihn zu Ihren geschlossenen Augen. Sprechen Sie dabei: »*Mögen meine Augen die Wahrheit sehen.*« Bringen Sie den Rauch zu Ihren Ohren, und sprechen Sie dabei: »*Möge ich die Wahrheit hören.*« Führen Sie den Rauch über Ihren Kopf, und sprechen Sie dabei: »*Möge ich die Wahrheit wissen.*« Streichen Sie den Rauch über das restliche Gesicht, am Körper und an den Beinen hinab. Führen Sie ihn zum Schluß an Ihre Brust, und sprechen Sie: »*Möge mein Herz rein und offen sein.*« Nach dieser Prozedur werden Sie gereinigt, konzentriert und energetisch aufgeladen sein.

Hier noch eine kleine Warnung: Kräuter können noch lange glimmen, auch wenn es so aussieht, als sei alle Glut erloschen. Es ist daher wichtig, daß Sie sie nie unbeaufsichtigt lassen. Drücken Sie nach Beendigung Ihres Räucherrituals die Kräuter fest in die Schale, bis sich absolut kein Rauch mehr entwickelt. Stellen Sie die Schale dann vorsichtshalber in den Küchenausguß.

Sie können sich für die Selbstreinigung auch der Kraft des Wassers bedienen. Füllen Sie ein Sprüh-

Ein Salbeibündel in einem feuerfesten Topf für das Räuchern und Reinigen.

fläschchen mit Wasser, und fügen Sie ein paar Tropfen ätherischen Öls hinzu – Kiefer, Pfefferminze oder Zitrone eignen sich hierfür hervorragend. Sprühen Sie sich sacht von oben bis unten ein mit der Absicht, sich für die Meditation vorzubereiten und zu reinigen.

Reinigung des Altars

Überprüfen Sie, nachdem Sie den Raum und sich selbst gereinigt haben, Ihren Altar, und versichern Sie sich, daß er sauber ist. Ein staubiger Schrein oder verdorrte Blumen darauf liefern nicht die frische, klare Energie, die der Kontemplation am förderlichsten ist. Haben Sie Wasser auf dem Altar stehen, sollte es klar und sauber sein. Pflanzen oder Blumen sollten gesund und vital sein. Ersetzen Sie niedergebrannte Kerzen durch neue. Überprüfen Sie Ihre Altargegenstände und deren Anordnung. Fühlt sich Ihr Altar gut an? Wollen Sie irgend etwas wegnehmen oder verändern? Sie mögen immer mal wieder das Bedürfnis verspüren, die Altargegenstände anders anzuordnen. Dadurch wird Ihr Schrein zu einem Ausdruck Ihrer gegenwärtigen statt Ihrer alten Bedürfnisse und Ideale, und auch die Altarenergie kann so gesteigert und geläutert werden.

Lassen Sie sich in bezug auf das, was zu tun ist, von Ihrer Intuition leiten.

Reinigung der Altargegenstände

Auch die Altargegenstände sollten gereinigt sein und keine negative oder stagnierende Energie aufweisen. Für die Reinigung auf physischer Ebene befreien Sie sie von allem Staub, Belag und anderem Schmutz. Manche alte Gegenstände haben eine Patina, die zu ihrer Schönheit und Kraft beiträgt, diese sollte nicht entfernt werden. Lassen Sie sich in bezug auf das, was zu tun ist, von Ihrer Intuition leiten. Gewöhnlich reicht eine routinemäßige Reinigung aus, um die Energie Ihrer Altargegenstände zu läutern. Doch wenn Sie sie zum erstenmal auf dem Schrein plazieren, ist eine intensivere Reinigung wichtig. Hierfür gibt es eine Reihe von Möglichkeiten. Sie können Sie entweder dem Sonnenlicht oder dem Mondlicht aussetzen. Sonnenlicht brennt stagnierende Energie weg und hinterläßt eine strahlende und helle Energie. Mondlicht ist ebenfalls wirkungsvoll, hinterläßt aber im Gegenstand seine sanftere, entspanntere Energie. Manche Dinge, wie beispielsweise Fotos, werden beschädigt oder vergilben, wenn man sie direktem Sonnenlicht aussetzt. In diesem Fall legt man sie besser an einen sonnigen Ort mit gefiltertem und indirektem Licht.

Altargegenstände können auch mittels Rauch und Feuer gereinigt werden. Feuerfeste Objekte können in entsprechendem Abstand über eine Kerzenflamme geführt werden, so daß sie nicht verrußen. Andere Gegenstände können durch den Rauch von Räucherstäbchen oder von Salbei geführt werden. Soweit sie sich dafür eignen, können Sie sie auch den Elementen aussetzen – Wind, Regen und ande-

Gereinigte und energetisch geläuterte Altargegenstände stärken die Gesamtenergie des Altars.

Kristalle und geschliffene Steine verleihen dem Altar eine heilende Energie und Stärke.

rem Wetter – und sie dadurch in einen frischen sauberen Zustand bringen. Wenn Sie sie mit Eukalyptusöl einreiben oder leicht mit Salz bestreuen, befreit sie das ebenfalls von negativer Energie. Durch ein Besprühen oder Waschen mit energetisch aufgeladenem Wasser erhalten sie ein blitzsauberes Energiefeld. Gewöhnliches Wasser läßt sich mit Energie aufladen, indem Sie es in einem Glasbehälter einige Stunden lang dem Sonnenlicht oder Mondlicht aussetzen oder vierundzwanzig Stunden lang einen Bergkristall hineinlegen.

Absicht

Nach der Reinigungsphase empfiehlt es sich, den Zweck Ihres zeremoniellen Verweilens vor Ihrem Hausaltar abzuklären. Dieser verfeinert und intensiviert Ihr Bestreben, während Sie sich auf Ihr beabsichtigtes Ziel konzentrieren. Ihre Konzentration wird gleichsam zu einem jedes Hindernis durchdringenden Laserstrahl, das Sie in der Vergangenheit von der Verwirklichung Ihrer Träume abgehalten hat. Dann kann Erstaunliches erreicht werden.

Nehmen Sie sich die Zeit, sich vor jeder Meditation vor Ihrem Altar über deren spezifischen Zweck klarzuwerden. Die Energie fließt in die Richtung, die ihr die Absicht vorgibt. Sie können sich zum Beispiel folgende Fragen stellen: Worin besteht meine übergreifende Absicht für diese Meditation? Welche sofortigen und längerfristigen Resultate wünsche ich mir? Sind Anlage und Struktur meines Altars meinem Vorhaben dienlich? Wenn Ihre kontemplative Zeit vor dem Schrein beispielsweise zu mehr innerem Frieden führen soll, Sie aber Fotos von Familienmitgliedern auf dem Altar stehen haben, auf die Sie wütend sind, dann sind diese Ihrem Ziel womöglich nicht gerade besonders förderlich. Wenn Sie Ihr Gewahrsein auf Ihre Absicht und die erwünschten Resultate konzentrieren, werden Sie durch die Kontemplation vor Ihrem Schrein in die entsprechende Richtung gedrängt werden. Sind Sie sich Ihres Vorhabens gewiß, vereinen sich fast magisch die Kräfte des Universums, um Sie zu Ihrem Ziel zu dirigieren.

Sind Sie sich Ihres Vorhabens gewiß, vereinen sich fast magisch die Kräfte des Universums, um Sie zu Ihrem Ziel zu dirigieren.

Zentrierung

Nehmen Sie sich nach der Reinigung der Energiefelder und Klärung Ihrer Absicht etwas Zeit, um Ihre Gedanken verstummen zu lassen. Stellen Sie das Telefon ab, und sorgen Sie dafür, daß Sie nicht gestört werden. Setzen Sie sich zeitlich nicht unter Druck. Ihre Kontemplation sollte nicht zu den Dingen gehören, die Sie auf der Liste Ihrer täglichen Pflichten abhaken. Dies ist eine heilige Zeit, eine Oase der Einfachheit, des Friedens und der Kommunion mit dem Bereich des höheren Geistes.

Es gibt verschiedene Möglichkeiten, den Geist zur Ruhe zu bringen. Eine ganz einfache Methode ist, auf den eigenen Atem zu lauschen, während Sie sachte die Atemzüge verlangsamen. Dabei können Sie auch noch bei jedem Ausatmen bis zu einer vorgebenen Zahl zählen. Das bringt Ihren Geist oft binnen kurzer Zeit zur Ruhe und Konzentration.

Eine andere Möglichkeit ist die, daß Sie sich ganz und gar und sehr intensiv auf einen ausgewählten Altargegenstand konzentrieren. Nach wenigen Minuten wird Ihnen der ganze Raum stiller vorkommen. Als exzellenter Konzentrationspunkt bietet sich eine Kerze an, aber auch mit einer Blume, einer Statue oder einem Symbol können Sie gleichermaßen gute Resultate erzielen. Indem Sie sich auf einen speziellen Altargegenstand konzentrieren, lassen sich störende und ablenkende Gedanken durch friedliche ersetzen.

Konzentration

Sobald Sie sich selbst und Ihren Altar vorbereitet haben, sind Sie nun bereit, Ihren Schrein als Konzentrationsort für die Kontemplation zu nutzen. Dies ist ein heiliger Augenblick. Sie stehen an der Schwelle zwischen zwei Welten. Sitzen oder stehen Sie vor Ihrem Altar, konzentrieren Sie Ihr Gewahrsein auf ihn. (Sie können das mit offenen oder geschlossenen Augen tun.) Konzentrieren Sie sich nicht nur auf einen Teil von ihm, sondern erfassen Sie ihn in seiner Gesamtheit. Lassen Sie sich Ihrerseits von seiner Energie und Ausstrahlung ergreifen. Denken Sie sich eine Energielinie, die Sie mit dem Altar in seiner Gesamtheit verbindet, und stellen Sie ihn sich als einen Konvergenzpunkt für die Kräfte des Universums vor. Auf diese Weise wird er zu einem Kristallisationspunkt für Ihre Kommunikation mit dem Göttlichen. An dieser Stelle mögen Sie sich vielleicht für eine aktive Form der Kontemplation entscheiden, so etwa für das Gebet, Mantras, Affirmationen, tiefe Konzentration oder Visualisierung, die alle Ihren Geist zur Konzentration bringen und Ihr Gewahrsein der inneren spirituellen Bereiche vertiefen.

Gebet

Eine Form der konzentrierten Kontemplation ist das Gebet, und der Altar hilft, es zu verstärken und intensivieren. Beim Beten sind Ihre Worte, die Sie laut aussprechen oder auch singen können, weniger wichtig als Ihre Aufrichtigkeit. Sie können den Schöpfer auch ohne Worte, unmittelbar aus dem Herzen heraus, anrufen. Sie brauchen nicht eloquent zu sein und müssen sich nicht erklären. Seien Sie Sie selbst. Seien Sie ehrlich. Seien Sie aufrichtig. Oft läßt es sich am besten beten, wenn Sie gleichzeitig konzentriert und entspannt sind.

Sie können auch Ihre persönlichen spirituellen Helfer, die immer liebevoll über Sie wachen, um Führung bitten. Ein einfaches Gebet ist hier: »Mögen die Geister, Führer, Vorfahren und Engel, die sich in Frieden versammelt haben, Liebe und Führung bringen. Ich danke für die gewährte Hilfe. Möge das Erhaltene dem Wohle aller dienen.«

Ein Typus von Geisthelfer ist der Geistführer. Es sind dies spirituelle Wesen, die früher in physischer Form auf Erden waren, sich aber nun in den himmlischen Bereichen befinden. Auch Sie haben einen Führer ... jede Person hat das. Geistführer verstehen die Schwierigkeiten und Herausforderungen eines Lebens auf Erden und bieten wertvolle und liebevolle Unterstützung an. Es ist sehr gut, sie anzurufen, wenn Sie mit irdischen Problemen zu kämpfen haben.

Die Geister Ihrer Vorfahren sind ein anderer Typus von Geisthelfern, die Sie anrufen können. In den

Stammeskulturen wurden seit jeher Altäre errichtet, um sie zu ehren und mit ihnen Verbindung aufzunehmen. Man glaubte, daß sie stets in der Nähe und vor allem in Notzeiten bereit waren, ihren Beistand anzubieten. Es ist besonders gut, sich an sie zu wenden, wenn Sie Familienprobleme haben.
In den mit der Erde verwurzelten Stammeskulturen dient der Altar auch als Ort, um Tiergeister anzurufen und um Führung und Beistand zu bitten. Man glaubt, daß jede Person mit einem bestimmten Tier verbunden ist und daß der Kollektivgeist dieses Tieres, wenn er in Zeiten der Not angerufen wird, Hilfe bringt. Wenn Sie Ihr Geisttier, auch Totemtier, Krafttier oder Tier-Verbündeter genannt, nicht kennen, können Sie, um sich seines Beistands zu versichern, einfach sagen: *»Ich rufe die Energie und Kraft meines Geisttieres auf«* und die Tierart unbenannt lassen, bis Sie in Erfahrung gebracht haben, was Ihr Geisttier ist.
Sie können in Ihren Gebeten auch andere Geisttiere um Hilfe bitten. Wenn Sie zum Beispiel Abstand und klare Sicht über Ihr Leben gewinnen müssen, können Sie den Adlergeist anrufen, der die Fähigkeit besitzt, Geschöpfe und Situationen aus einem losgelösten und logischen Blickwinkel zu betrachten. Sie können sagen: *»Bruder Adler, hilf mir, die Welt mit deiner Klarheit zu sehen.«* (Im Anhang finden Sie weitere Informationen zur Symbolik der Tiere.)
Zu den machtvollsten und auch leicht erreichbaren Geisthelfern gehören die Engel. Ich glaube, daß jede Person einen persönlichen Schutzengel hat, und einer der schnellsten Wege, um Zuspruch, Liebe und Unterstützung zu erhalten, ist die Anrufung Ihres Engels. Ihr persönlicher Engel ist nur einen Gedanken weit entfernt, und wenn Sie ein Gebet an ihn senden, wird es gehört. Stellen Sie das Bild oder die Figur eines Engels auf Ihren Altar, um die Engelpräsenz in Ihrem Leben zu stärken.

Eine Engelsfigur auf dem Altar kann die Bereiche der Engel stärker zu Bewußtsein bringen.

Mantra

Eine aktive Form der Meditation ist beispielsweise der Gebrauch eines Mantras. Ein Mantra besteht aus einem Wort oder mehreren Wörtern, deren Bedeutung entweder in ihrem Klang oder inhaltlichen Sinn liegt. Durch seine ständige Wiederholung baut sich allmählich eine bemerkenswerte Energie auf. »Om«, auch Aum buchstabiert, das aus dem Sanskrit kommt und im Buddhismus und Hinduismus als heilige Silbe betrachtet wird, ist ein exzellentes Mantra. Man glaubt, daß in seinem Klang die gesprochene Essenz des Universums enthalten ist. Es wird bei Affirmationen und Segenssprüchen benutzt, und oft stellt sich schon nach wenigen Augenblicken des Rezitierens dieser Silbe ein Gefühl von Frieden und Entspannung ein. Es gibt viele traditionelle Mantras, die Sie benutzen können, aber Sie gelangen auch zu hervorragenden Resultaten, wenn Sie sich Ihre eigenen schaffen oder beispielsweise ein Wort wie »Liebe« oder »Freude« ständig wiederholen.

Affirmationen

Eine andere Form der aktiven Meditation ist der Gebrauch von Affirmationen. Dabei wiederholen Sie entweder laut oder im stillen immer und immer wieder einen positiven Gedanken, damit sich seine Botschaft Ihrem Unterbewußtsein einprägt. Beispiele dafür wären: »Ich bin eine wertvolle Person« oder »Ich bin stark, gesund und wohlauf.« Ihr Altar kann hier als Konzentrationspunkt und Verstärker Ihrer Affirmationen dienen. In diesem Fall konzentrieren Sie sich zunächst auf den Altargegenstand, der mit Ihrem erwünschten Resultat am engsten verbunden ist. Möchten Sie zum Beispiel mehr Liebe in Ihrem Leben, richten Sie Ihre Konzentration auf eine Rose – ein Symbol der Liebe – auf Ihrem Schrein und sprechen dabei Ihre Affirmation, die lauten könnte: »Ich bin eine liebenswerte Person.«

Fokussierung

Die Kontemplation kann auch die Form einer intensiven Fokussierung auf einen einzigen Punkt annehmen. Wählen Sie dazu ein Objekt, das Bedeutung für Sie hat. Das könnte ein Spiegel, eine Kerzenflamme, ein leuchtender oder glänzender Gegenstand oder eine Kristallkugel sein. Plazieren Sie diesen Gegenstand auf dem Altar, und richten Sie Ihren Blick darauf. Stellen Sie sich vor, daß Sie sich auf einen Punkt hinter seiner Oberfläche und in seine Tiefe hinein konzentrieren. Fühlen Sie, wie Sie mit diesem Gegenstand verschmelzen und eins werden. Durch diese Art von Kontemplation können Sie in einen tiefen veränderten Bewußtseinszustand eintreten.

Zuhören

Oft werden uns die tiefsten Offenbarungen und Einsichten in der Stille zuteil, die der aktiven Kontemplationsphase folgt. In diesen schweigenden Momenten des Lebens können wir zu bemerkenswerten inneren Erkenntnissen gelangen. Das ist die Zeit, um offen zu sein und auf die innere Stimme zu lauschen. Akzeptieren Sie. Empfangen Sie. Atmen Sie. Beobachten Sie. Seien Sie einfach nur. In diesen Augenblicken, in denen Sie in friedlicher Gelassenheit vor Ihrem Altar sitzen, kommt Ihnen vielleicht ein inspirierender Gedanke oder eine Einsicht. Spirituelle Erkenntnisse entstehen nur selten blitzartig, vielmehr entfalten sie sich in einem sacht auftauchenden Gewahrwerden. Fördern Sie diese Art von Kontemplation durch eine bewußte Wahrnehmung Ihres Gedankenstroms. Das kann Sie zu einem tiefen Verständnis Ihres Leben und Ihrer Zukunft führen.

Wenn Sie feststellen, daß Ihr Kopf vol mit belanglosen Dingen ist, während Sie versuchen, offen zu sein und zuzuhören, und Sie nur schwer Ablenkungen ignorieren können, dann sagen Sie sich einfach: »Und das auch.« Diese simple Aussage erlaubt Ihnen, die mentale Zerstreutheit zu akzeptieren und dann aufzugeben. Das Ding, dem Sie sich widersetzen, bleibt bestehen. Wehren Sie sich also nicht gegen diese Ablenkungen, sondern akzeptieren Sie sie und lassen Sie sie dann los. Lenken Sie Ihre Aufmerksamkeit nur immer wieder auf den Altar zurück. Wählen Sie einen Altargegenstand aus, dem Sie sich eng verbunden fühlen, und benutzen Sie ihn als Konzentrationspunkt. Er kann Ihnen helfen, wieder zu einem Gefühl der Nähe zum Großen Geist zurückzufinden und zu der so hilfreichen heiteren Gelassenheit.

In den stillen Momenten, in denen Sie vor Ihrem Altar sitzen, kann Ihnen ein inspirierender Gedanke kommen.

Eine weitere hervorragende Zentrierungsübung ist das Beobachten Ihrer Gedanken. Versuchen Sie dabei nicht, Ihren Gedankenfluß zu stoppen, fördern Sie ihn aber auch nicht. Nehmen Sie einfach nur wahr, was Sie denken. Das erfordert vielleicht ein wenig Training, ist aber eine exzellente Eingangsübung für jede Form der Kontemplation.

Vollendung

Das Ende ist so wichtig wie der Anfang, weshalb es sich empfiehlt, die Zeit vor dem Altar zu einem geheiligten Abschluß zu bringen. Das gibt Ihnen ein Gefühl der Erdung, und danach sind Sie bereit, sich in neuer Zuversicht Ihrem Tag zu stellen. Ein ehrfürchtiger Akt des Abschlusses kann beispielsweise ein Moment der Danksagung sein. Vielleicht möchten Sie sich beim Schöpfer, Ihren spirituellen Helfern und Ihrem höheren Selbst für die Einsichten oder anderen positiven Dinge, die Sie in der Zeit vor Ihrem Altar erhalten haben, bedanken. Dankbarkeit bietet eine der besten Möglichkeiten, Ihre Erfahrung zu verstärken und die spirituelle Energie des Altars zu erneuern.

Manche Menschen empfinden es als guten Abschluß und Vollendung, wenn sie ihre Gedanken und Einsichten in einem besonderen, zu ihrem Altar gehörenden Journal notieren. Das hilft, das Gelernte zusammenzufassen und zu bewahren. Außerdem kann es interessant sein, immer mal wieder Rückschau zu halten und zu sehen, wie die Zeit vor Ihrem Altar Ihr Leben verbessert hat. Es wird Sie bestärken, wenn Sie feststellen können, wie sich Ihre Hoffnungen und Absichten auf unterschiedlichste Weise manifestiert haben.

Eine der besten Möglichkeiten, Ihre spirituelle Energie zu erneuern, ist der Ausdruck von Dankbarkeit an Ihrem Altar.

Ordnen Sie zum Schluß Ihrer Kontemplation die Elemente und Gegenstände auf Ihrem Altar neu und rücken Sie sie gerade. Es ist zwar nicht nötig, doch manche Menschen bedecken gerne Fotos oder Figuren oder auch den ganzen Altar mit einem Tuch. Löschen Sie die Kerzen – es sei denn, die Flamme brennt in einem sicheren Behälter. Dieser Moment der Neuordnung der Altargegenstände und Vollendung Ihrer Zeremonien bewirkt zwei Dinge. Er intensiviert und konsolidiert das Energiefeld, das Sie sich während Ihrer Meditation geschaffen haben, es bleibt Ihnen dadurch in seinen positiven Auswirkungen erhalten. Und er intensiviert und konsolidiert das Energiefeld des Altars, der, wenn er regelmäßig in dieser Weise genutzt wird, zunehmend an Kraft und Effektivität gewinnt.

Wenn Sie sich an diese vier Schritte der Vorbereitung, Konzentrierung, des Zuhörens und der Vollendung halten, stellen Sie einen Kreis her. Jede Phase verleiht der Zeit vor Ihrem Altar mehr Stärke und Kraft. Es folgen ein paar Beispiele, wie diese vier Schritte zusammenwirken, wenn mehr als eine Person den Altar für einen bestimmten Zweck benutzen.

Altar für ein neues Heim

Der Umzug in ein neues Heim bietet eine exzellente Gelegenheit für die Errichtung und Benutzung eines Altars. Dadurch kann es von der Energie der vorherigen Bewohner gereinigt, und es können frische belebende Energien für die neuen Bewohner herbeigerufen werden.

Vorbereitung: Laden Sie Freunde und Familienmitglieder ein, sich an der Schaffung dieses Altars zu beteiligen. Bitten Sie jede Person, etwas mitzubringen, das ihre Segenswünsche für Sie und Ihre Familie in diesem neuen Heim symbolisiert.
Säubern und reinigen Sie den Raum, in dem der Altar aufgestellt werden soll, und führen Sie auch für sich selbst, Ihre Freunde und Familienmitglieder ein Reinigungsritual durch. Salbei eignet sich gut dafür.
Sehen Sie zu, daß der Altarbereich sauber, das Altartuch – falls Sie eines verwenden – aufgelegt und der zentrale Altargegenstand ausgewählt ist. Vergegenwärtigen Sie sich dann für einen Moment Ihre Absicht und die Resultate, die Sie sich für Ihre Zukunft im neuen Heim wünschen.
Konzentration: Entzünden Sie eine Kerze, und bitten Sie jede Person, vorzutreten und ihre Absicht in bezug auf das neue Heim laut auszusprechen. Dann sollte eine jede ihren Gegenstand auf dem Altar plazieren.
Zuhören: Lassen Sie einen Moment der Stille eintreten, um sich für den Großen Geist zu öffnen. Alle sollten still dasitzen und ihre Augen schließen oder ruhig vor dem Altar stehen.
Vollendung: Löschen Sie die Kerze. Bedanken Sie sich. Lassen Sie sich zu einem gemeinsamen Essen nieder. Feiern Sie. Die Energie dieser Zeremonie wird in künftigen Jahren vom Altar ausstrahlen.

Neujahrs-Altar

Neujahr ist eine exzellente Zeit, um spirituelle Samenkörner für die kommenden zwölf Monate auszusäen. Ihr Altar kann ein wunderbarer Ort sein, um Ihre persönliche Energie und die Ihres Heims für das künftige Jahr zu erneuern. Sie können diese Zeremonie zur Wintersonnenwende, dem Beginn des neuen Jahres am Firmament, oder am 1. Januar durchführen. Falls Sie einer kulturellen Tradition oder Religion angehören, die ein anderes geeignetes Datum vorschreibt, dann richten Sie sich danach. So fällt beispielsweise das chinesische Neujahr auf den zweiten Neumond nach der Wintersonnenwende.

Folgende Seite: Gegenstände auf einem Neujahrs-Altar – die Eier symbolisieren den Neuanfang, und der lachende Buddha soll im kommenden Jahr Freude bringen.

Vorbereitung: Entscheiden Sie sich, wen Sie in die Zeremonie einbeziehen wollen; vielleicht andere Familienmitglieder, oder wollen Sie sie allein durchführen? Sollen auch andere daran teilnehmen, dann bitten Sie sie, Ihre Gedanken und Wünsche für das kommende Jahr aufzuschreiben. Und tun Sie das auch selbst. Werden Sie sich über Ihre Absichten für das künftige Jahr sehr klar.
Reinigen Sie den Raum, sich selbst und die anderen Teilnehmer. Vielleicht möchten Sie für dieses Reinigungsritual ein Sprühfläschchen mit Wasser verwenden, das Sie der Sonne ausgesetzt haben, und alle Personen und den Raum damit sanft besprühen. Das ist auch eine gute Zeit, um den ganzen Altar wieder mit Energie aufzuladen, indem Sie alle Gegenstände herunternehmen, reinigen, energetisch läutern und dann sorgfältig wieder zurückstellen.
Der zentralste Gegenstand auf Ihrem Neujahrs-Altar sollte das Göttliche symbolisieren. Günstig sind zusätzlich ein oder mehrere Gegenstände, die mit Neuanfängen assoziiert werden, beispielsweise Samenkörner oder eiförmige Objekte. Und plazieren Sie auch einen oder mehrere Gegenstände auf dem Altar, die für persönliche und kollektive Wünsche für das kommende Jahr stehen.
Konzentration: Wenn Sie nun vor dem Altar sitzen, sollte jede Person visualisieren, wie sich das künftige Jahr in Anmut, Schönheit und Stärke entfaltet. Dies ist ein guter Moment, um laut gesprochene oder stille Gebete für die Zukunft auszusenden.
Zuhören: Seien Sie still und offen, um innere Botschaften in bezug auf die künftigen Monate und darüber, wie Sie am besten die Balance bewahren können, zu empfangen. Falls Sie eine Gruppe sind, möchten Sie sich vielleicht auch noch Zeit für den Austausch der erhaltenen Einsichten nehmen.
Vollendung: Bedanken Sie sich für die Segnungen, die Ihnen zuteil wurden und weiterhin zuteil werden. Löschen Sie die Kerzen, und lassen Sie zu, daß die Segnungen und reinen Energien des neuen Jahres Sie mit frischer Kraft und Hoffnung für die vor Ihnen liegenden Zeiten erfüllen.

Der Altar im Innern

Ihr Hausaltar kann privaten Raum in einen heiligen Raum verwandeln, der Kunstfertigkeit, Respekt, Liebe und spirituellen Geist in Ihr Umfeld bringt. Er kann ein bemerkenswertes Sinnbild für die Schönheit und Harmonie sein, die dem Zentrum Ihrer Existenz innewohnen. Die Steigerung persönlicher Kraft und Macht und die Intensivierung spirituellen Wachstums, die aus der Schaffung und Nutzung eines Altar erfolgen, können Ihr Leben auf positive Weise verändern, so daß Ihre Existenz zu einer Art Altar wird, zu einem Leitstern, der Liebe und Friede für alle ausstrahlt.

Die Schönheit und der Friede dieser Waldlichtung zeigen eine wesentliche Harmonie, die wir uns mit Hilfe von Altären wieder zueigen machen können.

Anhang

Bedeutungen der Altargegenstände

Die Bedeutungen der Altargegenstände unterscheiden sich von Kultur zu Kultur und auch von Person zu Person. Für Sie gültig sind die Bedeutungen, die sich für Sie persönlich richtig anfühlen. Im folgenden finden Sie eine subjektive Auswahl verschiedener Gegenstände samt der mit ihnen assoziierten Bedeutungen, die Sie vielleicht für Ihren Altar verwenden möchten. Diese Aufzählung soll keinesfalls als bestimmende Richtlinie verstanden werden, denn der Bereich der Symbolik ist riesig und vielfältig, aber sie verschafft Ihnen einen kurzen Überblick über die zahlreichen Gegenstände, die Sie auf Ihren Hausschrein stellen können.

Religiöse Gegenstände

Gebetsfahnen – symbolisieren und tragen Gebete auf dem Wind zum Himmel

Gebetsperlen/Mala – viele Religionen verwenden sie als einen Konzentrationspunkt für Gebete

Gebetsstab – ein mit Federn und Perlen dekorierter Stab

Heilige Asche – von einem heiligen Feuer oder der Feuerbestattung einer heiligen Person

Kelch – Heiliger Gral, Erfüllung

Medizinbündel/Medizinbeutel – eine Sammlung geheiligter Gegenstände in einem Bündel oder in einem Beutel

Religiöse Bücher – entweder um jeden Tag eine Weile in ihnen zu lesen, oder um den Altar mit Energie aufzuladen

Tibetische Gebetsmühle – eine Handmühle mit Inschriften heiliger Verse

Yantra/Mandala – heiliges geometrisches Muster als Hilfsmittel für die Meditation

Symbole, Formen und Muster

Ankh – ägyptisches Henkelkreuz, ein Symbol des Lebens

Auge – inneres Leben, inneres Licht

Caduceus – Stab mit zwei ineinander verschlungenen Schlangen, die Heilung symbolisieren

Dreieck – göttliche Trinität, Weg zur höheren Einheit

Ei – Neuanfänge, Regeneration

Feder – Einheit mit dem Schöpfer

Füllhorn – Fülle, Überfluß

Hand – Schöpfung, Macht, Segnungen

Knoten – Bindung, Zusammenhalt, Einheit

Kreis – Vollendung, Ganzheit

Kreuz – Christentum, Schnittpunkt zwischen Himmel und Erde

Leiter – Aufstieg von der Erde zum Himmel

Pentagramm – fünfeckiger Stern der Harmonie und des Gleichgewichts

Pyramide – alte Mysterien, Offenbarungen

Quadrat – Festigkeit, Grundlage, Erde, Ordnung

Rad – Bewegung, Veränderung, endloser Kreis des Lebens

Regenbogen – Verbindung mit dem Schöpfer, Einssein

Schlüssel – Öffnung innerer Bereiche

Schwert – Wahrheit, Klarheit, Fokus

Spiralen – Bewegung der Energie und des Universums

Stern – der Himmel, großer Erwerb

Tür, Tor – Übergang in andere Bereiche

Religiöse Gestalten und alte Gottheiten

Ägyptisch

Horus – falkenköpfiger Himmelsgott und Held

Isis – Muttergöttin, innere weibliche Mysterien

Osiris – mächtiger Fruchtbarkeitsgott

Ra – Sonnengott

Thoth – Herr des Mondes

Chinesisch und Japanisch

Buddha – Bringer des Mitgefühls

Daikoku – Gott der Fülle

Konfuzius – weiser Lehrer, steht oft auf Hausschreinen

Kuan Yin – Erbarmen, nährende Mutter

Christlich

Hl. Christophorus – Schutzpatron der Reisenden

Hl. Franziskus von Assisi – Reinheit, Einfachheit, Schutzpatron der Tiere

Jesus – der Retter

Jungfrau Maria – erbarmungsvolle Mutter

Griechisch

Apollo – Sonnengott, Gott des Lichts und der Musik

Athene – Göttin der Weisheit

Eros – Gott der irdischen Liebe

Hermes – Götterbote

Poseidon – Gott des Meeres

Zeus – der mächtigste der Götter, Herrscher über Himmel und Erde

Hinduistisch

Durga – Muttergöttin

Ganesha – Gott, der hilft, alle Hindernisse zu überwinden

Hanuman – Loyalität, religiöse Hingabe, Mut

Krishna – eine Inkarnation von Vishnu

Shiva – Gott der Zerstörung, die die Wiedergeburt ermöglicht

Vishnu – höchstes Wesen

Nordisch

Freya – Göttin der Fruchtbarkeit und Geburt

Odin – Gott der Weisheit und des Krieges

Thor – Donnergott

Römisch

Jupiter – Vater aller Götter

Merkur – Götterbote, Gott des Handels

Minerva – Göttin der Weisheit

Neptun – Gott des Meeres

Opfergaben

Asche – Reinigung, Regeneration
Blumen – Symbol des Göttlichen
Früchte – weiblicher Geist, Ernte
Honig – Liebreiz der Götter
Korn – Wohlstand, Erneuerung
Kränze – Zyklus des Lebens
Mais – Ernte, Fülle
Reis – Glück
Salz – Reinigung, Wiederauferstehung
Tabak – Verbindung mit der Geisterwelt
Wasser – Läuterung, spirituelle Ausrichtung
Wein – Blut des Lebens, ewiges Leben

Opferbehältnisse

Kelch/Becher – Kommunion, Heiliger Gral, Fülle
Kessel – Fülle, weiblich-göttliche Macht und Kraft
Korb – Ganzheit, weiblich-göttliches Prinzip
Schachtel – das Unbekannte, Beherrschung
Topf/Urne/Vase – weibliches Urprinzip, Mutter Erde

Heilige Töne

Chants – helfen, in veränderte Bewußtseinszustände einzutreten
Flöten – verbinden mit dem höheren Geist
Glocken – verbinden mit der Seele
Glockenspiel – bringt eine Energie der Klarheit
Gongs – machtvolle Überbringer von Botschaften aus dem Unbewußten
Rasseln – Verbindung mit der Erde, entspannend, veränderte Bewußtseinszustände
Trommeln – verbinden uns mit dem Urklang des Herzschlags der Mutter

Geschliffene Steine und Edelsteine

Achat – Erfolg, Glück
Aventurin – Heilung
Amethyst – Mitgefühl, Hellsichtigkeit
Aquamarin – Harmonie
Bergkristall – spirituelle Ausrichtung
Bernstein – Schutz, Heilung
Blutstein – Heilung, physisches Geradebiegen
Diamant – bemerkenswerte Stärke, seelische Kraft und Klarheit
Fluorit – mentale Ausrichtung, beruhigend
Granat – physische Stärke, Durchsetzungskraft
Jade – heilend, Weisheit
Karneol – physisch erdend
Lapislazuli – Spiritualität, Intuition, Königtum
Malachit – mediale Kraft, Heilung, Läuterung
Marienglas (Selenit) – Traumfähigkeiten, Intuition, Meditation
Mondstein – emotionale Ausbalancierung, lunare Qualitäten
Obsidian – Erdung
Onyx – Erdung
Opal – emotionale Klarheit
Peridot – mentale und physische Heilung, Verjüngung

Rubin – Stärke, Gesundheit und spirituelle Leidenschaft

Saphir – Hingabe und Spiritualität

Smaragd – spirituelle Heilung

Sugilith – höhere spirituelle Bereiche

Topas – Ausdehnung, Wissen

Türkis – heilend, ausbalancierend

Turmalin – Reinigung, Heilung

Metalle

Eisen – erdend, Stärke

Gold – solares Metall, Herrlichkeit und Ausdehnung

Kupfer – Transformation

Messing – Aufgewecktheit, Mut

Silber – vom Mond beherrscht, empfängliche weibliche Kraft, Intuition

Pflanzen und Blumen

Chrysantheme – Innenschau, Meditation, Langlebigkeit

Gänseblümchen – Unschuld, Glücksgefühl

Jasmin – Schönheit, Freude

Krokus – Neuanfänge

Lilie – Reinheit, Vollkommenheit

Lotos – Erleuchtung, Erhebung aus der Dunkelheit ins Licht

Maiglöckchen – Frühling und neues Leben

Narzisse – göttliche Liebe, Glück und Erfolg

Osterglocke – kindliche Freude, Lachen

Ringelblume – Langlebigkeit

Rose – Liebe

Schlüsselblume – Freude im Unglück finden

Schwertlilie – zarte Sinnlichkeit

Sonnenblume – Optimismus, Freude

Tulpe – Vitalität, sinnliche Liebe

Veilchen – kostbar, zärtlich, verschlossen

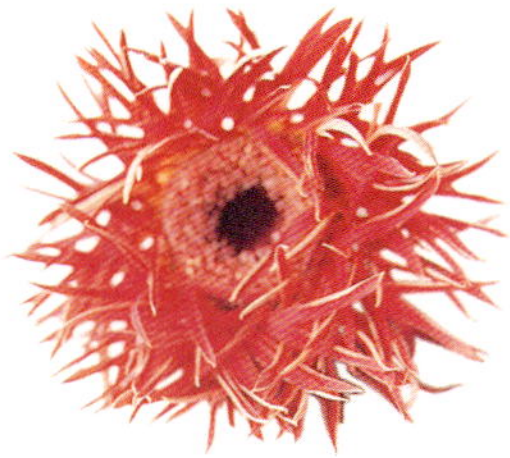

Muscheln

Nautilus – das göttliche Gleichmaß aller Dinge

Perle – unendliches Mitgefühl, Schutz, spirituelle Ausrichtung

Perlmutt – weibliche Energie, Kraft des Meeres und des Mondes

Kräuter

Ingwer – große Vitalität

Knoblauch – Schutz

Pfeffer – Stimulierung

Pfefferminze – Erfrischung, Läuterung

Rosmarin – mächtig, kraftvoll

Salbei – Reinigung, läuternd

Tabak – heilige Pflanze der Indianer

Früchte und Getreide

Apfel – Gesundheit, Vitalität

Granatapfel – Fruchtbarkeit, Einheit der Vielfalt

Mais – Ernte, Fülle, Fruchtbarkeit, Segen

Pfirsich – Unsterblichkeit, Ehe, Zärtlichkeit

Senfkorn – Glaube, Vertrauen

Weizen – Fülle, Ernte

Zweige, Äste und Blätter

Ahorn – große Schönheit, Anmut

Birke – emotionale Heilung

Eiche – Stärke und seelische Kraft

Erle – Freude, Ausdehnung

Espe – offen für Veränderung
Eukalyptus – Läuterung, Vitalität
Gingko – Wissen, alte Weisheit, Langlebigkeit
Kiefer – Reinigung, Einfachheit, Geradlinigkeit
Magnolie – sich für die Fülle im Leben öffnen
Olive – Friede
Platane – Erweiterung, Schutz
Tanne – Reinigung, Würde
Ulme – Stattlichkeit, Anmut, Mitgefühl
Weide – heilt emotionale und durch Verlust bedingte Schmerzen
Zeder – Reinigung, Mut, Stärke

Ätherische Öle und Räucherwerk

Basilikum – hebt die Stimmung, klärt Gedankenprozesse
Bergamotte – hebt die Stimmung, aber beruhigt
Eukalyptus – kräftigt, reinigt, läutert
Fenchel – entspannend, wärmend, beruhigend
Geranie – gleicht Stimmungsschwankungen aus, harmonisiert
Grüne Minze – erfrischend, stimulierend
Kamille – besänftigend und beruhigend
Kiefer – erfrischend, läuternd, stimulierend
Lavendel – beruhigend, besänftigend, entspannend
Limone – belebend, erfrischend
Majoran – sehr entspannend, reduziert Ängste

Mandarine – hebt die Stimmung, erfrischt
Myrrhe – stärkt, inspiriert
Neroli – reduziert Streß, beruhigt
Orange – hebt die Stimmung, erfrischt
Patchouli – inspirierend, sinnlich
Pfefferminze – stimuliert, läutert, erfrischt, belebt
Rose – emotional besänftigend, liebevoll
Rosmarin – stimulierend, läuternd, belebend
Salbei – läuternd, reinigend
Sandelholz – spirituelle Ausrichtung, besänftigend, hilft Ängste abbauen
Tannennadel – erfrischend, läuternd
Thymian – stimulierend, stärkend, aktivierend
Vetiver – entspannend, regenerierend
Wacholder – reinigend, stimulierend
Weihrauch – beruhigend, befreit von Ängsten, spirituelle Klarheit
Ylang Ylang – beruhigend, sinnlich
Zeder – entspannend
Zitrone – hebt die Stimmung, mentale Wachheit
Zitronengras – stimuliert, läutert, reinigt

Tiersymbole

Landtiere

Affe – Schutz, Familie, Erfindungsreichtum
Antilope – Schnelligkeit, Behendigkeit, Gelenkigkeit
Bär – Heiler, Stärke, Lebenskraft, Innenschau, Schutz
Biber – Beharrlichkeit, Gruppenharmonie, Produktivität

Bison/Büffel – Fülle, Mut, Entschlußkraft

Dachs – Wildheit, Mut, Zähigkeit

Eichhörnchen – Energie, Intelligenz, Entdeckungen

Elch – Ausgewogenheit, Sanftheit, doch Stärke, majestätisch, doch unbeholfen

Elefant – Geduld, Herrschertum, Macht

Esel – sicherer Fuß, Entschlossenheit

Fuchs – Tarnung, listig, Flinkheit

Giraffe – Weitsichtigkeit, erreicht Ziele

Hase/Kaninchen – Fruchtbarkeit, Intuition, schnelles Denken

Hund – Loyalität, Schutz, Gewissenhaftigkeit

Katze – Unabhängigkeit, Geschicklichkeit, Geheimnis

Koyote – Geschicklichkeit, Verspieltheit, familienorientiert

Kuh – Fruchtbarkeit, Zufriedenheit

Leopard – Tapferkeit, schwer faßbar, verborgenes Wissen

Löwe – Selbstvertrauen, machtvolle Ausstrahlung

Maus – Entdeckungen, achtet aufs Detail, Unsichtbarkeit, untersucht genau

Nashorn – alte Weisheit

Nilpferd – Geburt, die große Mutter

Opossum – Strategie, Stille

Otter – Freude, Verspieltheit, Empfänglichkeit

Panther – Intuition, innere Kraft

Pferd – Kraft, Freiheit, Anmut

Puma/Berglöwe – stille Macht, Selbstvertrauen

Ratte – listig, Durchsetzungsvermögen, Intelligenz

Reh/Hirsch – Anmut, Fruchtbarkeit

Schwein/Eber/Wildsau – Mut, listig

Stier – Stärke, Eigensinn

Stinktier – Selbstachtung, Selbstvertrauen, Mut

Tiger – Stärke

Wapiti – Lebenskraft, Edelmut, Kriegergeist

Waschbär – Anpassungsfähigkeit, Kreativität, Gewandtheit

Widder – bewahrt in prekären Situationen das Gleichgewicht

Wiesel – Heimlichkeit, listig

Wolf – Familie, Loyalität, Stärke

Ziege – sicherer Halt, gelangt zu neuen Höhen

Wassertiere

Aal – Anmut, Kraft

Delphin – Freude, Friede, heiliger Bote, Weisheit

Fisch – Fruchtbarkeit, Christuslicht, Fülle

Krake – alte Weisheit

Lachs – spirituelles Wissen, Entschlußkraft

Robbe – Anmut, Freude

Thunfisch – alte Macht, Stärke

Wal – Vertrauen, Glaube, Ausgewogenheit, Harmonie

Geflügelte Geschöpfe

Adler – Erleuchtung, Großer Geist, Macht, Schöpfung

Amsel – mystische alte Weisheit

Blauhäher – Mut, die eigene Wahrheit sprechen, Anpassungsfähigkeit

Drossel – Freude, Zuversicht, Sanftheit

Eisvogel – Friede, Wohlstand, Liebe, Glück

Ente – emotionales Gleichgewicht, häusliche Harmonie

Eule – Weisheit, visionär, magische weibliche Energien, alte Geheimnisse

Falke – Geschwindigkeit, Anmut, Kraft, absolute Entschlossenheit, ein Ziel zu erreichen, Errungenschaft

Fledermaus – heilige Mysterien, die große Mutter, Transformation, Urfinsternis, Wiedergeburt, Initiation

Gans – heilige Suche, Transformation, mystische Reisen, Gemeinschaft

Geier – Tod und Wiedergeburt, Prophezeiung, große Mutter

Habicht – visionär, Stärke, Bote des Großen Geistes, Entschlossenheit

Hahn – Sexualität, Wachheit, Fruchtbarkeit, Enthusiasmus

Huhn – Dienst, Opfer, Fruchtbarkeit

Kanarienvogel – heilige Töne, Sensibilität, Öffnung des Kehlchakras

Kardinal – Zuversicht, Vitalität

Kolibri – Freude, unerschöpfliche Energie, Entzücken, Hoffnung

Krähe – magisch, Mysterium, große Intelligenz, Bote aus dem Reich des Geistes

Kranich – Langlebigkeit, Konzentration, Disziplin, Wachsamkeit

Meise – Fröhlichkeit, Freude, Ausdauer, Furchtlosigkeit

Papagei – Optimismus, Freude, Zuversicht

Pelikan – Großzügigkeit, Selbstaufopferung, Spannkraft, Wohlstand

Pfau – Herrlichkeit, heiliger Schutz, Würde, Selbstvertrauen

Rabe – Bote des Großen Geistes, alte Mysterien, gestaltwandelnd

Reiher – Würde, Autonomie, Individualität, Geduld

Rotkehlchen – Neuanfänge, Freude, Aktivierung der schöpferischen inneren Kraft, Glücksgefühl

Schwalbe – wagemutig, Freiheit, Anmut

Schwan – Transformation, Intuition, Anmut, höhere Weisheit, innere Schönheit

Seemöve – emotionales Gleichgewicht, Kommunikation, spiritueller Bote

Spatz – Fröhlichkeit, Liebe zum Heim, Fruchtbarkeit, Beherztheit

Specht – Fleiß, Konzentriertheit, heilige Rhythmen

Storch – Fruchtbarkeit, ausgeglichenes Zuhause, Neuanfänge

Strauß – geerdet, Balance zwischen alter Weisheit und praktischem Wesen

Taube – Friede, weibliche Energien, mütterliche Instinkte, Sanftheit, Liebe

Truthahn – Segen, Großzügigkeit, Dienst

Amphibien und Reptilien

Chamäleon – Anpassungsfähigkeit, Bereitschaft zur Veränderung, Kunst der Unsichtbarkeit, Sensibilität

Eidechse – Hüterin der Traumzeit, Divination

Frosch – Transformation, Reinigung, Neuanfänge

Kobra – Herrschertum, Macht, Weisheit

Krokodil – alte Macht, Initiation

Kröte – Wohlstand, Fülle, Erdgeist

Schildkröte – Langlebigkeit, Stabilität, Zuhause, Mutter Erde

Schlange – Weisheit, Initiation, Transformation, Kreativität, Heilung

Spinnen und Insekten

Ameise – Fleiß, Lebenskraft, Gemeinschaft

Biene – Fruchtbarkeit, Fülle, Konzentration, Liebe

Käfer/Skarabäus – Metamorphose, Schöpfung, Wiederauferstehung

Libelle – Traumbote, Freude, Licht

Schmetterling – Transformation, Transmutation, Freude, Schönheit

Spinne – Kreativität, Schicksal

Mythische Geschöpfe

Drache – ungeheure spirituelle Kraft und Macht, Schutz

Einhorn – Liebe, Sanftheit, Stärke, Reinheit

Greif – halb Löwe/halb Adler: stellt die Verbindung zwischen Himmel und Erde her

Pegasus – spirituelle Inspiration, Anmut, Heiligkeit

Phönix – Transformation, Wiedergeburt, Neuanfänge

Satyr – halb Mann/halb Bock: Naturgeist, Musik, Tanz, Freude

Sphinx – halb Mensch/halb Löwe: Initiation, dunkle Mutter

Zentaur – halb Mensch/halb Pferd: mystische männliche Kraft

Farben

Blau – Entspannung, Meditation, Friede

Gelb – Weisheit, Kommunikation, Licht der Sonne

Grün – heilend, ausbalancierend

Lila – Herrschertum, Intuition

Orange – Glücksgefühl, Geselligkeit

Rosa – Liebe, Weichheit

Rot – stimulierend, aktivierend, physische Stärke, Leidenschaft

Schwarz – Innenschau

Weiß – Reinheit

Anmerkungen

Das Mysterium

1 Joseph Campbell, *The Masks of God: Primitive Mythology.* The Viking Press, New York 1959, S. 339–42.

2 Kay Turner, »Why we are so inclined ...«, Lady-Unique-Inclination-of-the-Night, *Cycle 6*, Frühjahr 1983, S.5.

3 K. W. Bolle, »Altar: Historical Background«, *New Catholic Encyclopedia*, Band A. McGraw Hill and Co, New York 1967, S. 343.

4 Ebd.

5 Turner, S. 7.

6 Susan Torre, zitiert in: Turner, S. 11.

7 Burleigh Mutén, Hrsg., *Return of the Great Goddess.* Shambala, Boston 1994, S. 3.

8 Turner, S. 7.

Der Geist

1 Marija Gimbutas, *Die Sprache der Göttin*, Verlag Zweitausendeins, Frankfurt a. M., 1995

2 Joseph Campbell, *Die Kraft der Mythen*, Artemis, Zürich (u. a.), 1994.

Die Umsetzung

1 Kay Turner, »Why we are so inclined ...«, *Lady-Unique-Inclination-of-the-Night, Zyklus 6.* Frühjahr 1983, S. 12.

Die Zeremonie

1 Denise Linn, *Die Magie des Wohnens*, Goldmann, München 1996

Danksagung

Für ihren Beitrag zu diesem Projekt möchte ich folgenden Personen danken:

Claire Brown, meiner Assistentin und Freundin, für ihre Liebe und für ihre Hingabe an dieses Buch.

Patricia Ridenour und ihrer Assistentin Iris Taboh für die prachtvollen Fotografien.

Susan Haifleigh, Sue Couri und Patricia Bloom für ihre Ermutigung.

Judith Kendra, außergewöhnliche Lektorin, für ihren Charme und ihre Freundlichkeit; Denis Bates und ihrer Assistentin Clare Johnson für ihre Großzügigkeit und Sorgfalt.

Catherine Bradley für ihr offenes Herz, das diesem Buchprojekt Elan gab.

Meinem Mann David Linn und meiner Tochter Meadow Linn für all ihre Liebe und Unterstützung.

Claire Brown, Patricia Ridenour und Iris Taboh halfen mir bei der Vorbereitung der Altäre für die fotografischen Aufnahmen.

Zur Autorin

Denise Linn, eine bekannte Vortragsreisende, Autorin und Visionärin, erforschte fast dreißig Jahre lang Heiltraditionen aus Kulturen der ganzen Welt. Auf der Grundlage dieser vielfältigen Kenntnisse und Erfahrungen gründete sie das therapeutische System »Interior Alignment«. Mit ihrer Synthese von praktischer Information und Spiritualität hat sie weltweit Tausende von Teilnehmerinnen und Teilnehmern an ihren Kursen und Seminaren tief beeinflußt. Sie hat bereits zahlreiche Bücher geschrieben.

Kontaktadresse für Informationen über Kurse
zum Praktizieren von Interior Alignment:
Denise Linn Seminars
P.O. Box 75657
Seattle, Washington
USA

Kontaktadresse für Kassetten und Videos:
QED
Lancaster Road
New Barnet
GB - Herts EN4 8AS
www.qed-productions.com